THE POWER OF AWARENESS

**And Other Secrets
from the World's Foremost Spies,
Detectives, and Special Operators on
How to Stay Safe and Save Your Life**

最強自保手冊

**社會安全網失靈，你如何自保？
美國特種部隊教你辨識身邊危險人物、安全脫身，保住生命財產**

DAN SCHILLING
丹恩‧席林

李宛蓉 譯
著

獻給茉莉（*Julie*），她為促進世界安全貢獻良多。

第一篇 原則　The Rules

Table of Contents

The Assassin

刺客

備註 | 基於若干敏感的國家安全考量，以下故事中的人物姓名、地點、任務都已屏蔽。

阿拉伯半島某地

　　一輛布滿灰塵的休旅車內，比利・索爾（Billy Sole）坐在副駕駛座位上，盯著幾百碼外正在進行的任務。灼熱的太陽幾乎能刺瞎人眼，在鄰近的阿拉伯海熾烈閃光的助長下，更顯得金光萬丈。此時正值酷暑，即便海洋也無法緩解燠熱，幸好至少車內有冷氣。技術上來說，30 幾歲的比利是空軍特種部隊的退役軍人，他服役的單位是美國一個「黑」特種任務部隊（其運作只接受國會很有限的監督），並未直接涉入附近正在進行的這場任務。比利和 3 個美國人置身現場的原因，是為了保護執行祕密任務的那

個人，萬一他遭到基地組織（Al Qaeda）威脅，他們幾個就能出手相助。

比利身穿牛仔褲和有領子的舊襯衫，在椅子上動來動去，哪怕後腰插著一把克拉克 19 手槍（Glock 19），他還是想找個舒服一點的姿勢。比利的腳邊放著一個隨身應急包，裡面有一把黑克勒—科赫（Heckler & Koch，簡稱 H&K）槍械公司生產的 MP7 小型衝鋒槍和防彈衣，以防意外發生。車子停在繁忙的馬路上，比利緊盯著路上可能出現的麻煩。這是一座灰撲撲的沿海城市，本地人在這條商業街區裡熙來攘往，忙著每天的營生；雖然此處是城裡人來人往的熱門社交地點，可是天氣酷熱降低了人們逛街的興致。在這個時候監視祕密任務的進行，確實有一點枯燥——以前從來不曾出過事，畢竟那正是祕密任務的宗旨。

比利他們的車子停在馬路邊一整排平凡無奇的汽車之間，混在私家車和商用車之間，完全沒有引起本地人注意——他們花了好一段時間布置，以確保休旅車外的人看不出任何疑點，包括不戴太陽眼鏡，因為在這個國家，戴太陽眼鏡很惹人注意。

休旅車司機發現有一輛計程車停了下來，在休旅車後方一、兩台車子的距離外並排停車，可是沒有人下車。

司機向比利和車上的另外兩個人提了一句，大家都刻意看了一下，但也沒有太在意。過了將近 1 分鐘，計程車上唯一的乘客依然沒有下車，於是比利若無其事朝後方瞥了一眼，目的只是看看那個乘客是不是被什麼事情絆住了，像是和司機爭執車資，或是正在打電話。

比利又把注意力轉向夥伴們用來偵查恐怖份子的一具祕密電子儀器。車上的 4 個人是美國訓練最精良的祕密特種軍人，換句話說，也就是世界最厲害的特種兵。就在比利專心擺弄儀器時，他後頸上的毛髮忽然聳立起來，奇怪的是這條街上沒有任何改變，他已經監視同一群民眾兩個月之久。計程車司機和乘客仍然停在並排空間裡；比利甩掉那一股異常的感覺。

此時小隊的司機宣布，後方計程車的乘客下車了，在他們視線盲區中站立了一會兒。不久計程車從美國人旁邊駛過，去載下一批客人。剛剛下車的那個乘客沿著人行道往前走，經過美國人的休旅車旁時，突然在車子前輪邊停下腳步，轉頭看看車子裡面，然後從襯衫裡掏出手槍，迅速拿槍抵著副駕駛座的窗戶，近距離開了三槍。

之後他沒再多看一眼，轉身朝來的方向走去，一邊把武器塞回襯衫裡，很快就消失無蹤。

震耳欲聾的子彈爆炸響聲過後，休旅車內一片死寂。

刺客擊破防彈玻璃，車子儀表板上和人身上散落玻璃碎片，所幸是防彈玻璃，才讓車裡的人逃過一劫。這名刺客之所以選擇槍擊那面車窗，只是要確保殺死車裡最重要的美國人，因為地位最高者總是坐在前面的副駕駛座位。下一個問題接踵而來，小隊的訓練即刻派上用場。比利迅速掃視窗外，包括副駕駛座旁窗戶上 3 個乾淨俐落的彈孔，戒備接下來可能發生的攻擊，最可能的是一輛載著土製炸彈的車子衝過來，把他們全部炸死。

他們需要趕緊行動，即刻行動。留在原地無異是自找死路，雖然體內腎上腺素飆升，又差點兒命喪槍下，可是拜多年的訓練和練習之賜，他們很快拿定主意，並且馬上採取行動。司機規劃路線，另一人打電話報告這起暗殺未遂的事件。現在武器已經準備就緒，剩下的人員檢查下一波攻擊的額外路徑，並且掃視路人臉孔，找尋可能發動攻擊的跡象。四人高度警戒，司機快速駛入車陣，所有的人都繼續掃視下一場可能的威脅。這一切行動在短短幾秒鐘內完成，他們的車子在吃驚的人潮裡穿梭前進，最終消失在阿拉伯酷夏的塵埃和鬧市之中。

雖然這場暗殺行動很幸運未能得逞，不過等到 4 個人安全返回住處時，忍不住互問刺客是「怎麼」做到的？他們開始從計程車出現的那一刻起，比對各自的經歷，結

果發現每一個人都有和比利相同的感覺——事情不對勁，當時每個人後頸上的毛髮都豎了起來。他們當機立斷採取自保行為，以防遭受進一步攻擊，這樣的做法儘管很妥當，可是問題依然存在：他們是怎麼容許自己成為暗殺受害人的？這是他們執行危險任務時關鍵的戰術和作戰考量，也是祕密工作的基本要素。

話又說回來，最重要的問題是「為什麼」？為什麼世界上受過最精良訓練的祕密特種軍人，居然會把攸關自身安全的力量和控制權交給一個意圖殺害他們的人？了解他們「為什麼」願意容許這樣的事情發生，以及如何預先防範，正是本書的宗旨。

前言

比利（假名）和他的小隊很幸運逃過刺殺，我也一樣，大半生從事極其危險的活動，一旦失敗後果不堪設想。事實上，比利他們遭到暗殺攻擊時，我正是他們的中隊長。我也親身經歷過去 50 年來最暴力、持續最久的一場槍戰，地點是偏遠的索馬利亞首都，那個東非國家簡直是噩運不斷。你可能聽過那場戰事，俗稱「黑鷹墜落」（Black Hawk Down），我有 200 個陸海空軍同袍參與該項任務，對抗成千上萬個當地民兵；該役造成 18 個美國人喪生，以及大約 1500 名索馬利亞人罹難。那場槍戰改變了美國延續數十年的外交政策，並啟動一連串事件，間接塑造了 911 恐怖攻擊事件之後的世界樣貌。

索馬利亞的那項任務影響深遠，它是我在世界各地或明或暗主持過的多項任務之一。身為作戰管制官，我曾

化名潛入一些國家，悄悄入境和出境，完全不留下任何蹤跡；我學習如何躲避敵方的巡邏，抵抗審訊，逃脫把守最嚴密的監獄。我有幾十年高空軍事跳傘（HALO）的經驗，也就是在高空中從飛機跳下來，落到低空才打開降落傘。我獲得示範跳傘員的專業評級，累積了好幾千次跳傘紀錄。不論在冰冷的北太平洋或熱帶的安達曼海（Andaman Sea），我都從事過開放式（open-circuit）呼吸系統及封閉式（closed-circuit）呼吸系統的水肺潛水。美國空軍作戰管制官的養成訓練，其過程之漫長，對體力與精神的挑戰之艱鉅，對智力的要求之嚴苛，堪稱舉世特種部隊之最。

我在軍事生涯後期建立兩支特種作戰中隊，並擔任中隊的第一指揮官，而第二支中隊更是世界上隱密度數一數二的特種任務單位，它所執行的任務敏感到隊名與宗旨至今仍屬最高機密。

這種生活方式和活動並非沒有釀成後果，失去朋友、遭受暴力、施加暴力、無力拯救性命——這一切都會改變你、傷害你。尤其是殺人一事，縱使師出有名，也絕對是負面的人生經驗，不會使你變成更健全或更進步的人類。我曾經為所有這些痛苦掙扎過，就某些方面而言，大概永遠也擺脫不了。為了控制創傷後壓力症候群（PTSD），

找到自己的平靜，我在既有戰績上又添了一筆——有人說它是世界上最危險的運動，那就是低空跳傘（BASE jumping）。也許你不熟悉，這種跳傘不是從飛機上跳下來，完全沒有法律規範，而且一向有離經叛道的名聲（也許說「惡名昭彰」更合適），因為它有很多方面都不合法。我自己曾經從賭城拉斯維加的飯店屋頂跳下來，也從 1400 英尺高的廣播天線塔往下跳過，至於我是怎麼爬上去的，最好還是別透露的好。

低空跳傘是高能量、高刺激的運動，可是也要付出相當高昂的代價。我玩這項運動的前十年裡，每一年至少有一個朋友喪命，圈內人有這麼一個說法：「只要跳得夠久，低空跳傘遲早會害死你。」這是相當準確的評估，我自然也無法倖免。有一次我在一座 500 英尺高的懸崖上跳傘，先前我在當地跳過不下百次，可是那一次傘張開之後，卻無法解釋的撞上崖壁。我很幸運逃過一死，不過造成的心理陰影讓我停止這項運動好些年。總而言之，我有把握說自己了解風險與後果，這也相當程度的解釋我最近為什麼很少玩低空跳傘了。

一再暴露於我所經歷的極度風險和威脅性命的危險中，可能導致極端的因應手段。我見過許多善良的男性和女性，因為風險與壓力所產生的長期影響，整個人被摧毀

了，連我自己有一段時間也遭遇同樣困境。自我毀滅的行為，以及酗酒、嗑藥（合法或非法藥物）都很常見。到頭來，低空跳傘或許不是尋求平靜的最佳方式，卻遠勝於酗酒、嗑藥等門路。

在特種作戰專業裡，我有幸與世界上一些最傑出的軍事人才和軍事組織共事，譬如我自己所屬的空軍特種部隊作戰中隊，還有其他單位，例如三角洲部隊（Delta Force）和海豹第六特種部隊（SEAL Team SIX，簡稱海豹六隊），所有的隊員均是最頂尖的風險評估及風險減輕專家。這個不尋常的職業也讓我有機會和執法領域的某些菁英合作，他們來自聯邦調查局的反恐與反間單位，以及商務部和國土安全調查處。我曾經和中央情報局、國家安全局合作過好幾年，一開始是為了應付威脅世界穩定的一些十分艱難的情報問題。中央情報局教我的必備技能，包括如何出入都市環境而不引起注意，如何自信的與外國情報人員和罪犯打交道，這兩種人往往使用類似的手段，在某些國家更是不分彼此。這些技巧對我自己的特種部隊訓練如虎添翼。

由於從事如此獨特的職業，安全與風險評估逐漸融入我的身心，成為自己的一部分。我很有自信這麼說：過去我曾經多次利用那些風險評估技能，救了自己一命。可是一開始不是那樣的，沒有人做得到。了解風險、減輕風險必須經由學習才能達成，不過你不需要加入特種部隊，也不必站在 500 英尺高的賭城大樓屋頂的邊緣，更不必嘗試解決核子擴散之類的既有威脅，就能夠了解風險、減輕風險。事實上，你根本不需要是專業人士，就能在一不小心就會踏進的高風險情境下保住安全，或是化解危及自身生命的潛在攻擊。在某些情況下，非專業人士反而佔有明顯優勢，本書會教你如何運用這些優勢來阻擋壞人。

我擷取特勤界、諜報圈和世界級執法單位的實務經驗，創造了六條基本原則，可以讓你在任何情境中運用。過去 30 年來，我一再琢磨這些原則，帶著它們穿梭世界知名大都會，像是泰國曼谷、紐約曼哈坦，遊歷更奇異的達卡（Dhaka，孟加拉首都）和奈洛比（Nairobi，肯亞首都），還在摩加迪休（Mogadishu，索馬利亞首都）、沙那（Sana，葉門首都）那些無比危險、紛爭不斷的地點執行作戰任務。或許你只是去巴黎出差的國際商務旅客，趁著夜色到出名的左岸一遊；也許你是熱中孩子運動比賽的父母，正開車載著一群嬉鬧的青少年路過不熟悉的城

區。不管如何，這些原則都會救你一命。

原則

我在開發這六條原則時，慢慢領悟到可以將它們歸納成三類，這樣更方便大家了解與落實，分別是知曉（Know）、準備（Prepare）、行動（Act）。

（1）**知曉**：在個人安全方面，知曉意味真正看清楚、理解自己所處的環境，以及正在這個環境裡發生的事。遺憾的是你身邊絕大多數人並不理解，這本書的目的就是要確保你不要和他們一樣糊塗。為此，你需要知道第一條原則（保持情境覺察）和第二條原則（信任和利用自己的直覺），同時明白這兩條原則絕對不可或缺，因為少了它們，你就是個睜眼瞎子；為了確保安全所盡的一切努力，都是建立在這兩項基礎之上，所以它們在本書中佔據的篇幅最長。

（2）**準備**：了解威脅與潛在的威脅，也使你能了解現在是否需要關注某些事物。假如答案是肯定的，那你又應該如何因應。很多人離確保自身安全只差一步，就是因為他們缺少周詳的實踐程序。第三條原則（判斷自己是否遇到問題）和第四條原則（擬定計畫），讓你做好萬一需要採取行動時的準備，如此一來，就能塑造比較確定的結果。

　　（**3**）**行動**：如果身處威脅之中，或是面對潛在的威脅，我們最終必須採取行動去化解。第五條原則（果斷行動）和第六條原則（兩個 R）只是解除或避免危機的最終行動步驟，卻是最容易同時又可能是最困難的行動。假如你遵照本書的原則行事，果斷行動就是最簡單不過的事。如果你了解自己的處境，也有了計畫，那麼行動就是清楚明確、直接了當的作為，因為你已經做好功課，接下來的只是落實計畫。

　　第六條原則（兩個 R）教你的第一點是重整旗鼓（regroup），也就是危機過後立刻進行評估，起碼要決定下一步需要做什麼，而此舉拉開的距離也就等於安全。第二個 R 是復原（recover），很多人覺得這很困難，尤其是過程中涉及暴力的情況。儘管如此，事件過後重返身心健康的歷程中，有個關鍵因素就是聯繫權威與尋求支持（專業的或私人的支援）。危機過後，我們務必繼續好好生活下去，你值得盡可能恢復到原來的狀態。

　　閱讀本書中探討這些原則的部分時，你會常常見到這個符號：

它的意思是請讀者停下來思考某個主題，或是在繼續往下閱讀之前，先完成某項建議。為了從本書獲取最大利益，我鼓勵讀者花一點時間照著做，如果跳過這個符號，就喪失了誠實自我評估的機會。反之，如果你碰到這個符號時確實停下來，完成書中建議的事項，很可能會驚喜的探知某些關於自己的事。

工具

除了為個人安全而制定的原則之外，我還設計了六種工具，以不同的方式增加你的安全。這些工具沒有排列先後順序，也不必同步使用，它們是隨時可以運用的資源。

工具一（有備無患）就是在事情發生以前做好萬全準備。你需要特別考慮住家的部分，牆裡頭可以安置最重要的東西和保護安全所需的一切物品。關鍵是了解住家的強項和弱點，另外還要搭配不偏不倚的評估、審慎的規劃，以及事先預演危機情景。我也會在這部分探討大眾交通工具、武器和防身訓練。

工具二（減少成為靶子的隱患）的設計宗旨是要讓你知道：**你所穿的衣服、你的舉動，甚至你走路的方式，全部都會向四周的人傳遞訊號。** 雖然安全的基礎是前述的六條原則，但你只要做幾個簡單的選擇，就能大幅降低自

己被惡人當作「靶子」的隱患。

工具三（武裝威脅和激進槍手）是比較特殊的項目。如果你是美國人，就比其他任何已開發國家的人民更需要擔心這一點。萬一發生罕見而不幸的事件，激進槍手這個工具會幫助你迅速評估處境與採取行動，拯救自己的性命。

工具四（減少留下個人資訊足跡）會讓你震驚，你一定不知道自己經由手機或咖啡店等網路熱點，暴露了多少私生活。更重要的是，學習這項工具之後，你就能掌握足夠資訊，知道如何避免不經意洩露個人細節給罪犯。

工具五（網路到面對面約會）並非關於你的網路個資，也不是教你如何認識別人，而是告訴你從數位互動過渡到真人見面時，應該了解哪些重點。因為這是你的人生，不應該浪費在錯誤的人身上，也不該為了這樣的人冒險。

工具六（旅行規劃）包括出差洽公或私人度假，可以幫助你完成一些任務，例如評估目的地、選擇旅館和房間、觀光攬勝的考量，以及離家時若碰到緊急情況如何處理。

藝術 vs 科學

很多安全專家把個人安全視作某種臨床科學，這對

專家來說很自然，因為如此才能夠展現自己對深奧事物的專業知識。我必須說，這些自命專家的人當中，有很多是套用公式與數字，企圖把每一件事簡化成某種數字運算。我寫這本書的原因之一，就是一再讀到關於安全議題的拙劣書籍和自吹自擂的作品。雖然我是風險和安全問題方面的專家，但也知道自己在任何一個主題上都不是最厲害的專家。這本書要提供最大的價值，關鍵在於創造一支由專家心態組建的團隊。在我從事特種作戰任務的數十年間，完成任何艱難、複雜、有價值的任務，全都是靠團隊合作才有所成就；唯有透過協調合作的過程，才能實現最好的計畫和點子。正因為如此，讀者會發現本書充滿許多其他專家的故事和教訓。

我自己倒是認為，個人安全與其說是科學，毋寧更偏近藝術，因為你無法指望拿到某個數字、計算或公式，然後說：「啊哈！那正是我的處境，所以我必須做＿＿＿＿＿＿＿（填上答案）。」然而現實比那個更變化多端，你必須隨機應變，不要和現實對抗；話又說回來，你確實需要先有一個基礎作出發點。下面的篇幅中，至關重要的課題是具備準確的情境覺察（Situational Awareness），以及開發與傾聽你的直覺，並且加強直覺，務使其成為你的第二天性。這樣的藝術源自於人類的天賦工具，是數百

萬年的演化提供給我們的，只不過在便利的現代世界中生活，這項天賦受到擱置或壓抑了。除此之外，其他的每一件事物──我強調是每一件事物──都起源於情境覺察和直覺，若是缺少這兩樣，其他的原則都不會生效。我再用另一種方式重申這本書最重要的兩個句子：**情境覺察和直覺等於你的覺察力量。你的覺察力量等於你的個人安全。**

結論

　　以上所說的這些是本書的簡介，說明哪些內容與它相關，哪些內容又不相干。本書主要是一本操作手冊和參考書，讓你在事情發生之前照顧好個人安全。這本書不需要從頭讀到尾，深思反芻之後再吸收，反之，對某些人來說，更好的方式是分批閱讀，特別是講第一條和第二條原則的部分。情境覺察和直覺不僅構成本書的基礎，它們本身就是強大的工具，幾乎在任何情境中或追求任何目標時都很寶貴。這本書不提供絕對聲明或保證，也無法涵蓋你可能遭遇的每一種情境，不過它確實提供扎實的建議和戰術，全都出自大量艱苦拚搏得來的經驗。

　　還有，你不應該讀完本書內容之後就把它丟在腦後，照舊過以前的日子；你也不應該讀過這些材料之後，轉頭就忘個一乾二淨。除非你經常回頭查看，在生活中時時練

習，否則它們起不了真正的作用。因此我才在書裡納入一些練習，也在我的網站中免費提供給大家。我們執行特種作戰任務時，對某些複雜的行動顯得比較在行，譬如在與敵方交火時召來我軍空中突襲，或是清空被恐怖份子佔領的建築物。我們做得比別人好，並不是因為我們比較強（真的不是），而是因為我們比別人做更多練習，將這些技巧練到無懈可擊為止。你在追求自己的個人安全時，也可以如法炮製，我鼓勵你這麼做，也希望你常常複習書裡那些對你最有用的章節。

　　大部分人都認同個人安全是嚴肅的主題，不過我們也不必用陰鬱的態度來面對。我很喜歡分享一則故事：心理學家佛洛伊德（Sigmund Freud）晚年罹患癌症，當時有人來找他討論心理學的某個論點，並客氣的提到佛洛伊德的病況說：「也許我最好別跟你說話，因為你得的癌症非常嚴重，可能不願意談論此事。」沒想到佛洛伊德這麼回答：「這種癌症很可能會要人命，不過並不嚴重。」這真是完美的答覆；他得的癌症當然不容忽視，但也不至於就烏雲罩頂，妨礙他當時專心在做的事情；這兩件事本質不同，互不相干。

　　我對待生活與安全的方式，和佛洛伊德的看法非常類似，至少是嚴不嚴重這碼事。你也應該秉持一樣的態度，

對自己的安全感到過分嚴肅或陰鬱，可能導致某種偏見或偏執，以致將所有事物詮釋為威脅。這種想法不但不符合現實，也不管用。結論是個人安全固然事關重大，可是我們也不要反應過度，你我應該合力培養信心，建立積極的態度，此二者本身就是安全的重要屬性，也是本書旨在促進的目標。

等你放下書本，走進真實世界中，只要在適當情境中依照我的原則行事，保你平安無事，因為顯然無法提出反證。意外事故牽涉的變數太多，加上人為因素介入，實在很難掌握。我一直很幸運，逃過多次嚴重事件，避免恐怖攻擊和外國內亂，無疑也避開過一些犯罪意圖。然而在這些情境中，我究竟離喪命有多遠？這一點我永遠不會知道。說千道萬，我要說的就是你會像我一樣，永遠不知道因為自己的情境覺察、直覺和謹言慎行，平安逃過了威脅或潛在威脅。說起來，這可是大大的好事。

前言就說到此，我們開始來深入探討原則吧，這才是你閱讀本書的目的。先來看一則故事。

不論身處新地方或熟悉的地方，你如何評估自己的人身安全？你去看電影時，電影院總是會播放短片，要你注意逃生出口在哪裡；搭飛機時也有類似的通告。不過你走進一家餐廳時，會想想一旦自己進了這個門，還有別的出口嗎？

原
則

The Rules

第一部

知曉

　　人在熟悉的地方會覺得很安全、很自在，我認為這是落入我所謂的「沒事，一切都好」症候群，意思是我們都傾向接受自己對周遭環境的假設是正確的，而不是花一點時間去評估那裡的真實狀況究竟如何。

Know

保持情境覺察

墨西哥下加利福尼亞州薩里納（La Salina）社區

　　我站在山頂俯瞰附近的太平洋，從這座山巔眺望出去，永遠是令人心曠神怡的景色。不過我可不是為了景色才爬上來的，此行的目的是從山頂極速飛行跳傘。這天的天氣挺溫暖，有一點潮濕，11 月的下加利福尼亞州（簡稱下加州）多半是這種天候。我到墨西哥已經兩個星期了，目的是在傳奇的下加州 Baja 1000 越野賽車正式起跑前，預先去賽道上練習；這是墨西哥下加州年年都會舉辦的比賽，堪稱全世界最出名的越野耐久賽。山頂飛行只是讓我稍微運動一下的機會，順便在去提華納市（Tijuana）穿越美墨國界的途中找點樂子。我們的賽車已經到了國境北邊的聖地牙哥市（San Diego），接下來一整個星期都

要對這輛車下工夫，做好最後的賽前準備。

　　我身邊是好友傑特（JT），此刻正展開他的速降傘（speedwing），漫不經心的做準備。我們兩人都熱愛高空跳傘和低空跳傘這兩項運動，相較之下，速降傘只需要在地上攤開傘蓋，然後往下坡奔跑，等到速度夠了自然就會飛起來，然後就享受貼近地表飛行的刺激，最後降落在山腳下。

　　兩分鐘後我們將會飛翔，一起分享這片天空，撲向傑特停在山坡下的卡車，他滿腔熱情的給那輛車起了個綽號叫「大紅」（Big Red）。我可以看見等候在那兒的大紅，它停在一條荒廢的泥土路盡頭，車尾朝向我們起飛的地點，車上載著我們的賽前用賽車（基本上就是一輛練習用的賽車）、賽車設備、露營用具等等。這條路一直通到墨西哥聯邦一號高速公路，相當於墨西哥版的太平洋岸高速公路，路上除了五、六棟損壞的小屋，完全看不到人煙或車輛。

　　「嘿，有一輛車子正往大紅的邊上開，」傑特宣布。

　　我從降落傘下轉頭睒眼看下去，有一輛很小型的進口轎車停在我們的卡車旁邊。我猜測：「可能是其他玩速降傘或滑翔傘的人吧。」我看得見對方倒車，打開行李箱，我們所在的山頂離那裡只有 600 碼傾斜距離，卻也無法

看到任何有用的細節。

「大概吧。我們應該趕緊回去。」

「說得對，」我同意傑特的話，轉頭把傘翼鉤上我的座袋，60 秒內將跳離這塊岩石。我查看左側、右側，彎身向前，檢查主提帶（riser）和繩索組，確保一切都妥當。這時我聽到身後的傑特喊：「可惡，他們把大紅偷走了！」

我大吃一驚，傑特又說了一次：「他們該死的偷走大紅了！」

「報警，兄弟，」我轉身說，難以置信的盯著下面，現在我們那台銀色平板車跟著那輛小轎車駛回路面，揚起一小股灰塵，上面載著傑特的跑車和我們的全部家當。

傑特掏出手機，他問：「怎麼報警？」

在墨西哥碰到緊急狀況時該打 911 嗎？我這才發現毫無頭緒。「不曉得，」我一面看著卡車消失，一面老實回答，又說：「他們看見我們了，他們用望遠鏡看我們。渾蛋！」顯然是有人給他們消息，才讓他們盯上我們。我聽到傑特打通了電話：「哈囉……」忽然想起一件事：我放在大紅上的一些東西不能被偷。我說的不是賽車裝備，也不是露營用品，那些丟了都能再買。先前我急著上路，匆忙間把一個隨身碟塞進筆記型電腦的內袋，裡面有我正

在寫的書（不是這本）的檔案，此外隨身碟裡還有我公司
的檔案和稅務文件。我把安全帽摘下來放在一旁（安裝在
安全帽上的運動照相機已經啟動，無意中捕捉到整個偷竊
過程，包括下面這張照片），然後跪下來觀看事件的發
展，而傑特正在向警方解釋我們失蹤的卡車。既然我無力
阻止，只好退回去扮演典型的觀光客：拍一張照片。由於
擁有豐富的專門知識背景，我絕對不符合刻板印象的觀光
客，這一點應該已經很明確。所以一個具有 30 年特種作
戰專門知識的傢伙，怎麼會眼睜睜讓這事兒發生？嗯，請
繼續往下讀，我會告訴你的。

⊗　右方是專精特種作戰的狠角色，還是倒楣的觀光客？由你來判斷……

情境覺察是什麼？

在錯誤的時間把自己放在錯誤的地方，就像我一樣，只是置身任何情境之中的一部分風險。你不需要涉足第三世界國家或戰區，也可能發現自己身處危境；或許是你居住的城市，也可能是在自己家裡，關鍵是覺察。如果真的發生事故，或是即將發生事故，你可以根據自己所能掌握的選項，塑造那個情境，使結果轉危為安。歡迎來到情境覺察的領域。

你對這個詞很可能已有概念，不過並不真正了解它確實的涵義。情境覺察究竟是什麼？《韋氏》（*Webster's*）字典沒有提供答案，倒是維基百科（Wikipedia）給了一則廣被接受的定義，提供定義的是研究人員和緊急狀況方面的專業人士：「情境覺察（Situational Awareness，簡稱 SA）是對於環境元素以及事件的時間或空間的感知，明瞭其意義，並推測其未來狀態。」這算得上是穩當的科學答案，可是看在門外漢眼中，恐怕並未提供有用的詮釋。讀者諸君覺得這個定義對你來說是什麼意義？從務實的角度來說，意義實在不大。

我自己比較喜歡這個版本：**情境覺察是「知曉我在哪裡、我的周遭是什麼，明白這個周遭正在發生什麼事情，**

我在其中的位置又是如何。」

　　這個定義講得很清楚、很容易了解，提供者是前特種軍人和退役戰士，姑且叫他荷蘭薛佛（Dutch Schaefer）吧，若干年前我曾指揮一支最高機密特種作戰中隊，他便是在我麾下效力。儘管這是個簡單的概念，我還是鼓勵讀者此刻先暫停一下，認真思考上述定義，以及你現在這個時候身處什麼位置──不論是手裡捧著書，還是正在收聽本書的有聲版。你現在在哪裡？身邊有什麼？你的周遭正在發生什麼事情？你在這個周遭裡的位置是什麼？換句話說，你身邊的事件和人物與你是什麼關係，你與他們又是什麼關係？我不是叫你尋找威脅，只是要你施展自己的觀察與覺察的力量。這些事物加總起來，便塑造了你的情境覺察。

　　以有用的方式施展這些力量，正是情境覺察的精髓，因為它讓你知曉自己在環境中的位置──以本書的目的而言，特指你與威脅的相對位置。在我的專業生涯中，就曾經利用情境覺察數度拯救自己的性命。只要擁有簡單易懂、容易執行的工具，就能學會情境覺察，正如同怎樣分

辨藝術和色情的差別，等到你親自碰到就會懂了。這是好事，因為學習透過新的眼光看出「那裡有什麼東西」，判讀以前從來沒有注意過的細節和不曾明白的重要性，是至為關鍵的。

在長達 30 年的特種作戰經歷中，我找到一種簡便的方法，它教我將任何主題或任務化繁為簡，只餘下最簡單的合用部分。因此我也把情境覺察簡化成兩個元素，第一個就是情境，也就是你發現自己置身其中的環境種類：你正在家中安坐，遠離外面的大世界，周圍都是自己知曉和信任的事物嗎？抑或你凌晨兩點正在陌生城市中踽踽獨行？

第二個元素是你的覺察程度。在上述的第一種情境中，你是不是對周遭一切視若無睹，只關心電視轉播的足球賽，或是最喜愛的醫界戲劇？或者你在打坐冥想，享受寧靜？你有沒有側耳傾聽孩子房間或闃黑的屋外傳來的聲音？至於在陌生城市中獨行的情境，你是不是一邊走一邊掏出手機檢查電子郵件或簡訊？還是刻意掃視周遭有什麼東西：小巷弄、有低欄杆的門廊，如果你身後有人，那是誰？人們在家裡的情境覺察程度很低，因為那是自己極為熟悉的環境；他們開開心心的看電視或煮飯。相對而言，在新的地方梭巡，特別是在夜晚，人們的情境覺察程度可望升高，這時候為了顧及安全，他們需要吸收所有的刺激；

注意每一個過往行人，稍有聲響立刻轉頭查看。

　　一個人的情境是客觀的、外在的，因為不論你如何評估或穿行其間，周遭環境並不會改變。反觀一個人的覺察是主觀的、內在的，端視你的認知、詮釋能力，以及設法因應該環境的能力而定。你利用覺察來塑造處境的限度，決定了你的安全程度，因此本書才會以情境覺察作基礎。雖然後續步驟如擬定計畫、採取行動也很重要，不過它們都依賴一個前提，那就是你明白自己周遭的現況，也知曉自己在這個環境裡的位置，換句話說，你掌握了情境和覺察。

情境

　　不論身處新地方或熟悉的地方，你如何評估自己的人身安全？你去看電影時，電影院總是會播放短片，要你注意逃生出口在哪裡；搭飛機時也有類似的通告。不過你走進一家餐廳時，會想想一旦自己進了這個門，還有別的出口嗎？你在日常生活中，情境覺察大概不會特別高，因為沒有人教你應該提高警覺。我要透過這一章來敦促你改變：不是要你產生偏執或恐懼，而是要確保你留意四周。為了幫你建立心理圖像，以下提供幾個一般情境和環境的分類。

（1）**陌生情境**。包括新的旅館、陌生的城市、外國的觀光景點、陌生的街道、外國的公共運輸工具等等。

（2）**安全環境**。一般都在室內，照明良好，或是提供和別人保持一段距離的環境。餐廳或商店內部、旅館大廳都是好例子。公共海灘或停車場則是安全戶外環境的例子。大量人群聚集的空間很難攻擊或單挑某個對象，譬如博物館或體育館，也是相當安全的地方。

（3）**不安全或危險的環境**。通常在戶外，照明不足，有視線被遮擋的通道，或是必須穿越的瓶頸，這些地方也可能和團體或群眾有關。瓶頸點是必須特別注意的地方，它們又可以細分成兩種。第一種是一定要穿過才能抵達目的地的任何區域，沒有替代選擇，譬如多樓層停車場入口，使用者天天都必須把車子停在這裡，然後去上班，又如每天必須穿越的交叉路口，因為無法迴避，對那些跟蹤、設陷阱、突襲的人來說，這些都是可以預料到的地點。住家或公寓大樓的入口若是安裝電動安全閘門，也是特別脆弱的地方。第二種瓶頸點是限制活動，或是逼你減速甚至停下來才能通過的地點，例如餐廳或商店的出入口。這類地方往往也會強迫很多人擠到一個點，造成壅塞或停頓。想想你很熟悉的塞車地點。歸根究柢，原因出在那麼多車輛必須在短短的時間內通過一個或幾個瓶頸點，像是

兩線車道縮減成單線車道。個人習慣和開車習慣一樣,都應該盡量設法避免瓶頸點,這一點後文還會進一步闡述。

　　不論你在哪裡,都可以用風險因素大致評估每一個情境,迅速找出特定情境屬於以下四種組合的哪一種:**熟悉且安全、不熟悉但安全、熟悉但不安全、不熟悉又不安全**。我們可以用四象限圖表示,聽起來很複雜,其實並不會。以下這張圖說明你可以很容易在心裡辨認自己處於什麼情境,以及隨之而來的風險╱威脅。

⊗　風險╱威脅矩陣

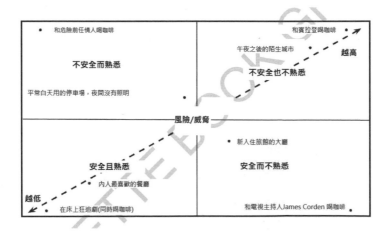

　　圖中的每一個小黑點代表潛在威脅的可能性,在這個點上,評估那項威脅的「實際」內容並不重要,例如推

測會不會發生強盜案或人身攻擊。反之，你只想要了解有事情將會發生的「潛在」可能。以下是我自己親身經驗過的幾個例子。

（1）**熟悉且安全**：在鹽湖市（Salt Lake City）我們住家附近那間我內人最喜歡的餐廳裡用餐。

（2）**不熟悉但安全**：賭城拉斯維加某家新旅館內的餐廳，我去演講時住在那裡。

（3）**熟悉但不安全**：曼谷的街道，我很熟悉這個城市，不過自己在那裡顯然還是外國人。

（4）**不熟悉也不安全**：第一次造訪奈洛比，午夜後在街上散步。

這是個簡單的練習，幫助學習如何評估自己和自己面對的風險，後面我們會再多討論一些。

人類是習慣的動物，這一點有助於解釋，為什麼我們在危機之中或壓力情境中回憶細節時非常不可靠，尤其是處在熟悉的環境裡，我們往往期待看見某些事物。因為熟悉而盲目，使你看不見盲點。在公開場所進行日常活動時，甚至在風險較高的情境中，就算沒有手機讓你分心，你的注意力也可能輕易被佔據。（關於手機，後面會進一步討論。）

人在熟悉的地方會覺得很安全、很自在，我認為這

是落入我所謂的「沒事，一切都好」症候群，意思是我們都傾向接受自己對周遭環境的假設是正確的，而不是花一點時間去評估那裡的真實狀況究竟如何。換言之，大家都只看見自己「想要」看見的東西。

　　這樣造成的結果是，你因為熟悉一個地方而感到太過安適，反而使自己變得脆弱。絕大多數時候這並沒有關係：畢竟你就是靠這樣養成習慣，你和熟悉環境之間自然聯繫，可說是經年累月建立起來、反覆經驗不斷強化的結果，畢竟過了這麼久都沒有出過事，對吧？既然如此，為什麼現在就該出事？你每天通勤、工作、午餐、上街時，都只看見自己預期的東西，然而那些地方真正存在的東西，和你先入為主的想法可能大不相同。這種預期慣常事物不會改變的傾向，以及一旦改變就無法隨機應變的缺失，稱為常態偏見（normalcy bias）。

　　我們來假設一個情境。你在床上睡得正舒服，忽然被噪音吵醒。我說的不是那種房子經常會發出的嘎吱聲響，也不是廚房偶爾發出的鍋蓋叮噹作響，提醒你去檢查爐火。我說的是那種會讓你立刻驚醒的噪音。

　　雖然很不想起床，但你還是決定要起來看看，確定沒有事，因為總是有人必須做嘛。好啦，你會怎麼做？兩眼惺忪從臥室跌跌撞撞走到走廊，穿過廚房，然後把頭伸進

客廳，甚至走進去站在客廳中間，昏昏沉沉的東張西望，確認：「沒事，一切都好。」接著你站在孩子門外很快覷了一眼，看到你「想要」看的東西，好讓你可以舒舒服服回到溫暖的床上。你鑽進被窩，對伴侶再次咕噥「沒事，一切都好。」

可是萬一真的有人潛入你家，就在你去檢查的房間裡，你真的指望他們會站在房間中央，還對你說：「幹得好，被你逮到了」嗎？當然不會。他們會躲在衣櫃裡或趴在沙發後面，或是躲在隔壁房間的角落裡，希望你不會發現他們。看來他們挺幸運的，因為常態偏見的緣故，你發現不了——你只是想找讓自己安心的證據，覺得一切平安，而不是尋找事情不對勁的證據。

所以說，防止自己落入常態偏見的傾向，是很重要的事。所幸經由練習和本書教授的演練方式，你能夠減輕這種傾向。

人們還會用一種普遍的偏見來辯解，那就是運氣。

為什麼玩撲克時運氣旺不見得是好事

在任何有潛在威脅的情境中，你了解自己，知道自己的動機、能力等等，可是你卻不清楚另一個人在想什麼——更不知道對方有能力做什麼。因此你會發現自己身處

的任何情境並不像下棋，因為下棋是百分之百的紙上談
兵，所有變數統統擺在棋盤上。反之，身處潛在威脅情境
更像是在玩德州撲克（Texas Hold'em），你知道自己的
牌面——手裡的兩張撲克牌只有你看得到，但你不曉得對
手的兩張牌是什麼，也沒有人知道在玩牌的過程中，發牌
人會翻出什麼牌面。你在賭撲克時，下注的依據是每換一
手牌勝算增加的機率，另外也會依據你有多清楚對手的底
牌。同理，你在考慮威脅情境和個人安全時，也是知道自
己的底牌，卻對另一方一無所知。

　　此外，還有一個因素也必須算進去，那就是運氣。
就安全議題而言，運氣可能是好事，也可能是壞事，就像
玩撲克牌時一樣。撲克賽冠軍杜克（Annie Duke）在著
作《高勝算決策》（*Thinking in Bets*）中深入探討這個主
題，她指出人們贏牌時，往往歸功自己財運高照、技巧過
人，以及拿到一張扭轉局面的好牌；萬一牌局失利，他們
就怪罪手氣不順，縱然自己牌技高超，也只好認輸。其他
環境也是如此，例如犯罪或經商：大部分人主張成功有賴
自己策略英明，萬一失敗就怪罪運氣不佳。然而運氣其實
不分好壞，純粹看機運。你可以歸功好運氣讓你和人生伴
侶一見鍾情，也可以怪罪壞運氣害你和攻擊者狹路相逢。
你高興的話，大可將良好結果或事件歸功於好運或天意，

但是萬一自己變成不幸的犯罪受害者，你也必須援用相同原則。就我的經驗來說，願意這麼做的人就像倒楣的撲克牌賭徒，輸掉最後一張牌時，總覺得是運氣和他們作對。生活現實根本不是這樣的。

在此我的重點並非爭辯有無天意或好運、壞運，如果你想要相信這三件事，不論客觀與否，都隨你高興。我們可以做的，也比較有把握的，是盡可能消弭情境中的運氣成分，或者換一種說法，想辦法使我們更好運。職業撲克牌玩家「看得見」整場牌局中湊足任何特定牌面的機率，因為他們已經研究過那些機率，在情境中實際演練過，所以比新手更佔優勢。你可以將自己的觀察運用到真實生活中的安全，盡可能排除運氣成分，方法是動用清晰的眼睛和專注的心靈，學習如何「看見」自己周遭的事物。誠如杜克在書中所說：「從經驗中記取教訓的人，會改善、會進步（如果再加一點運氣的話），最後成為他們領域裡的專家和領袖。」有人說你所參與的領域當中，價值最高昂的就是你的人身安全，到頭來，我們無法消除運氣這個無法控制的變數，必須容許它存在，事實就是如此。所以盡力把其他所有的變數用你喜歡的方式安排好，就變得無比重要。

覺察

覺察和情境不同，情境大致是外在的，你無力掌控，反觀覺察則百分之百由你控制。對你的個人安全而言，沒有其他事、其他人牽涉覺察這個層面。這無關直覺，而是你直接的客觀觀察。（當你已經覺察到某件事物之後，不論是有意識或無意識，直覺才會跟著來。這部分我們下一章再討論。）

覺察和情境還有一點不同。覺察是一種內化的浮動基準（sliding scale），會上下游移，而不是由兩個外在的情境變數（「安全」與「不安全」）產生。最廣為人知的覺察概念，大概與庫柏上校（Colonel Jeff Cooper）這個精采人物有關聯。庫柏生於洛杉磯，第二次世界大戰和韓戰期間都在海軍陸戰隊服役。1970 年代庫柏在亞利桑那州的鄉下開了一所射擊學校，後來成為知名的槍域學院（Gunsite Academy）。他擁有史丹佛大學（Stanford University）和加州大學河濱分校（University of California, Riverside）學位，經常發揮所學，撰寫關於自我防衛的文章，不過後人對於庫柏印象最深刻的事蹟，是他建立一套完備的顏色代碼，象徵當事人心理準備的狀況，是用來評估在任何情境中自身覺察程度高低的極佳範本。

白色：你沒有覺察，也沒有準備。

黃色：你覺得輕鬆，但保持警覺。

橘色：你對某些特定威脅保持警覺。

紅色：你處於備戰狀態。

911 恐怖攻擊事件發生之後，美國政府建立了國土安全諮詢系統（Homeland Security Advisory System，簡稱 HSAS），隨後又以國家恐怖活動警報系統（National Terrorism Advisory System，簡稱 NTAS）取代。上帝保佑我們的公僕和他們的那些簡稱。HSAS 威脅等級的顏色代碼是綠、藍、黃、橘、紅五色，如果你家有 911 事件之後出生的小孩，他們至今都沒有經歷過綠色或藍色狀態，既然日常都不存在，豈不是毫無意義的歐威爾式（Orwellian）想像。

HSAS 顏色在 2011 年蛻變為 NTAS 系統，用公報的形式取代顏色代碼。國家反恐中心（National Counterterrorism Center）人員出於一片好心，透過寫滿整頁的公報將這些資料呈現在眾人面前，內容大致描述美國對抗恐怖主義的持續不斷、跨越整個世代的奮鬥，分為三種級別：公報（提供一般資訊）、升高警戒（Elevated Alerts，有可信威脅時）、急迫警戒（Imminent Alerts，有特定攻擊逼近時）。

　　如果你想要有用的資訊，我不建議用網路搜尋政府（如果你是美國人）目前標示的威脅狀況，國家恐怖活動警報系統網頁尤其不可取。這個網站不告訴你，國家認為哪個地方受到實質威脅的程度如何，只是籠統的表達反恐是善與惡的對抗。我出於好奇心，花了 30 分鐘詳細閱讀國土安全部和國家恐怖活動警報系統的網站，尋找關於美國在 2019 年 11 月 27 日的狀況，但始終沒有找到任何有價值的資訊。除非聯邦政府表明不會停止打擊邪惡的決心，讓你感到特別安心，否則有價值的資訊一概付之闕如。

　　由此看來，美國的聯邦安全領導階層並沒有做好最充分的準備，話又說回來，以整個國家的規模而言，這種事很難辦得好。假如碰到攻擊，國家恐怖活動警報系統的急迫警戒或許會納入有用的資訊，可是在那個節骨眼上，我懷疑你還會匆忙打開筆電或手機查看他們的網站。所以問題就來了，20 年來國家警報系統發布過兩次升高警戒的狀況，沒想到大家全都予以忽視，或是更糟糕——根本就沒有覺察到，也就是民眾對政府發布的安全預測已經不再敏感。美國、澳洲、英國、法國，以及擁有正式威脅等級系統的其他許許多多國家，也都有這種現象。

　　如果你能找得到，或願意特別去注意政府的警報，自

然是件好事，不過你真正需要的，是和自身更密切的警報層級系統。我自己的覺察是依循一套四層級的模式，內容簡單，也提醒當事人需要在任何情境中維持正確的心態。我相信它對各位讀者也會有同樣的效果：

不知不覺（unaware）：這是一種不論身在何處、周遭發生什麼事，都對自己身旁環境不理不睬的心理狀態。也許你正在專心思考，或是正在和別人熱火朝天的交談，抑或因為某事物而分心，都可能出現此一現象。有些活動特別容易引來這種狀態，電視就是一個罪魁禍首，正因為如此，每逢舉辦超級盃美式足球聯賽（Super Bowl），才會有公司願意斥資 500 萬美元，買下電視台轉播比賽時區區 30 秒的電視廣告時段。假如你曾經赫然發現，自己在祖克柏（Mark Zuckerberg）創造的惡魔（譯按：指臉書）上花了將近一個小時（或兩個小時），就明白這種不知不覺的忘我狀態了。一般來說，電視和電腦算是不錯的，因為你是在自己家裡或旅館房間的安全環境中，探索各式各樣的資訊，有至關重要的、號稱缺少就活不下去的、鍛鍊身體的、介紹新款低卡啤酒的……可是如果換成另一個平台，其實是另一種設備，除了同樣會奪走你的現實感，還會導致嚴重後果。不必賣關子，想來你也猜得到，那就是手機——人類有史以來創造出最令人忘我

的裝置，其威力大到構成危險的地步。手機的威力不在於它本身，而在於使用者如何任由手機將自己帶入危險境地，我們後面再探討這一點。

開放覺察（openly aware）：最好的例子就是在車水馬龍的路上或是在你感到放心的路上開車，所謂的開放覺察，就是你會注意過往車輛、行人、路面坑洞，以及馬路上其他潛在的危險。你可能不會太擔心，確實也沒有特別奇特或威脅的東西，可是你的感官全都打開來接收訊息──任何訊息。如果你正在超車，很可能也會看著照後鏡，掃視附近有無警車。萬一潛在威脅真的出現──譬如有個眼睛盯著手機螢幕的行人靠近斑馬線，或是一輛駛近路口的車子速度太快──你就會踩剎車。這些都是屬於開放覺察範圍的訊息與反應。去郊外踏青是另一個好例子。如果你回想某次特別愜意的健行，很可能想起當時周遭的氣味、景致和聲音，之所以能夠記住這些細節，是因為你開啟覺察、接收訊息。

開放覺察不是吃力的心理狀態，可以輕易進出，甚至是在潛意識中進行。儘管以目前的生活來看，這樣並沒有問題，可是如果你能夠更加明察秋毫，知曉這種特別的注意狀態會在何時改變，以及狀態改變的原因是什麼，那麼你的力量就更強大了。大多數人應該在日常生活中保持

這種心理狀態，佛教徒和僧侶從更深的層次尋覓它，好消息是你不需要放棄物質享受，也不必苦行禁慾，照樣可以從這個覺察層次獲益。你只要收起手機，看看四周即可。

認真覺察（attentively aware）：這種覺察適用於需要注意的情境，例如在不熟悉且交通繁忙的高速公路上行駛，或是在城市中人潮擁擠的街道上一邊走一邊尋找某個地址。想要知道自己有沒有進入這個覺察狀態，有個簡單的辦法，就是當你迷路或陷入繁忙交通中時，會不會自動把汽車音響調得小聲一些，這種下意識的動作，意味減少感官收訊。此時不論在開車或在走路，你都不會盯著手機螢幕或打電話，以免分散注意力或忽略視覺線索。

當你認真覺察時，是主動搜索環境裡的跡兆和訊息，因此要長時間維持這種高度警覺，也就不免耗費心神。人在風險較高、自己較脆弱的地方，都應該進入這種狀態，例如在陌生人環伺的環境中從口袋裡掏出大把現金付款，像是便利商店、電影院、電影院、音樂廳等等，還有使用提款機和不熟悉的停車場時。

不妨把這個層級的覺察想像成自然反應，因為它已經在數百萬年的演化過程中，成為人類內建的生理性、生物性規約。

威脅或戰慄（threat or thrill）：最後這一層級意謂

你體認到自己需要注意「當下」正在發生的事，尤其是與自身安全有關的事。如果你在開車，這一層級的覺察就相當於猛踩剎車以免撞到行人，或是閃避沒看到你的車子而不當變換車道的駕駛。另一個例子是看見附近有人不懷好意的衝著你走過來。

　　這是個刺激的城市。我曾在戰場上和民間從事高風險活動，可以證明在上述情境下，個人接收感官訊息的注意力會達到頂點。這些情境不一定是來自他人的威脅，如果你從 800 英尺高的懸崖上一躍而下，玩命似的從事低空跳傘，也會敏銳的覺察四周環境，不過我並不推薦讀者親身嘗試這個。許多體育活動甚至娛樂活動都能帶來刺激，將你的覺察程度提高到相同的水準。

　　上述 4 個層級的覺察，每一種都需要投入心理和生理的資源，層級越高，你的身心就越疲累。開放覺察不比威脅或戰慄那麼令人心力交瘁，到了威脅或戰慄的覺察情境，你體內像是有高辛烷值噴射機燃料在流竄。你的內在引擎只能短時間應付高壓訊息，即便那些訊息的用意是拯救你的生命，一旦超過那個時間，內在引擎就會開始失

靈，無法保持高度警戒，到時候你根本沒辦法維持威脅或戰慄的覺察層級。

這也適用於認真覺察層級。長途開車時，一開始你可能高度注意周遭環境，但是敏銳聚焦的程度會慢慢下降。回想一下你曾有過的這種駕駛經驗（或是曾在大洛杉磯高速公路系統開車的經驗），當時是不是備感疲倦？

此外，我們也可能從較低的覺察狀態迅速提升到較高的狀態。如果你正心不在焉的收看電視足球比賽轉播，發現你最喜歡的球隊正在被對手痛宰，這時候樓下忽然傳來打破窗戶的聲音，你不僅立刻產生警覺，身體也會開始大量分泌腎上腺素。又比如凌晨時分你在闃黑之中沉睡，被同樣的破窗聲驚醒，你的第一個問題可能是：「那是什麼？」

反而是從高度覺察狀態迅速降低下來，很不容易做到。從腎上腺素飆升的威脅或戰慄情境，一下子要降低覺察層級，可能很難做到；就算做得到，生理後遺症接踵而來，一旦有必要降低覺察程度，也可能更加困難。所以碰到實質攻擊之後，或是勉強躲過一劫之後，務必了解這一點。

淺談電話和耳機

假如你想針對某人下手犯案，要知道對方此刻是否不知不覺、易受攻擊，最佳指標就是看他們是不是正分心

使用某種科技產品。我在第三世界國家就是這麼做，靠這個方法鎖定已知的恐怖份子（對方正盯著手機不放）；他們和我們一般人一樣，很容易被 YouTube 牽著鼻子走。

　　不當使用手機，把它當作手提電視或隨身娛樂設備，足以抹滅本書所提的每一項建議。如果你一邊戴耳塞式耳機聽音樂，一邊凝視螢幕，更是雪上加霜，等於徹底耳聾眼瞎了──關閉自己最重要的兩種感官，萬一有人靠近，你怎麼聽得見、看得見呢？

　　我不是真的指望大多數人改變習慣，或是迴避便利的娛樂，可是你心裡要有數：如果你像很多人一樣，選擇對環境和環境中的人漠不關心，而且保持不知不覺的狀態，那麼**你就成了目標**。這時的你好比蒙著眼睛玩撲克牌，賭注「全押」，賭的是自己真正擁有的唯一東西：你的性命。如果你覺得沒關係，願意繼續這麼做，那我祝你好賭運，還有，找哪天我們一起玩玩撲克牌。

　　假如你開車時會趁停紅燈或路上車少時傳簡訊（我也犯過這樁罪），那麼你絕對應該停止或是盡可能減少這麼做。更重要的是，你不論什麼時候出入公共場所，都應該三思自己使用手機的行為。我指的是那些虛假的「沒有比這個更重要的簡訊」，彷彿你若不立即回覆某人，世界強權便將失衡，而你們急於討論的只是下個月去哪兒度週

末？或是那隻可愛貓咪的影片是怎麼獲得 700 萬個讚？我見過太多人掉入那種不知不覺的陷阱——不論置身何處都被螢幕牢牢吸引，錯失評估自身環境的機會。

我的呼籲很簡單：請你選擇凝視螢幕的時候，特別留心一下，你會吃驚的發現自己居然拿起手機那麼多次、花那麼多時間看手機。為了證明我的論點，不妨每天結束之前打開你的手機設定，檢查螢幕啟用時間，這可能需要花一點時間做幾個步驟，不過你的科技依賴程度將會奇蹟似的洩露出來。

你的數字是多少？我很樂意賭一把：應該是好幾個小時吧？假如不是的話，恭喜你，你是現代公民中的少數。話又說回來，真正的重點不在於你緊盯著手機螢幕多久，而在於你能否誠實回答這個問題：你在哪裡使用手機？假如你是在夜晚走向停車場上停放的車子時，或是下班後停好車子走向公寓住處時，抑或在日常生活中習慣的任何類似情境中，一邊走一邊看手機，那麼你就等著淪為受害者吧。

結合你的情境與覺察

將情境的外在因素與自己的覺察程度結合在一起，就成為你的情境覺察，真正描繪出「**知曉我在哪裡、我的**

**周遭是什麼，明白這個周遭正在發生什麼事情，我在其中
的位置又是如何。」**

　　你發現自己置身的任何地點，都能用情境覺察來表
示，方法是結合情境（熟悉或陌生、安全或不安全）與相
應的覺察程度（不知不覺、開放覺察、認真覺察或威脅／
戰慄）。舉例來說，你通常會去辦公大樓的自動提款機提
款，這種情境覺察的組合大概就是熟悉、安全、開放覺察
的經驗。

　　現在你有了這項新觀點作為武器，我們先暫停一下，
在進一步討論之前，先評估我在墨西哥的情境。針對我人
在山頂上、車子還沒被偷時，你會怎麼計算我的情境覺察？

　　對我來說，那次在墨西哥的情境覺察算起來大概是
這樣：熟悉而安全的環境，而我處在開放覺察的狀態。可
是我當時的評估並不準確，之所以失敗，是因為當時我
已經在墨西哥待了好幾個星期，準備好離開恩森那達市
（Ensenada），加速穿越下加利福尼亞半島，在越野車
賽的賽道上練習，這一切都讓我進入對那個區域和那些人
們的熟悉框架。我感到很自在，又是和好友兼賽車搭檔傑

特合作（兩個人連續好幾星期一起塞在跑車裡面，是對友情的絕佳考驗）。我認識他很多年了，很多次都把自己的性命交在他手裡。傑特參加 Baja 1000 系列賽車的資歷超過 20 年，對這個地區瞭若指掌。出事那天早上，我們計畫打包所需要的一切東西，然後就出發前往聖地牙哥市，完成賽車之前的準備，因為九天之後 Baja 1000 越野車賽便將登場了。那天我重感冒，把焦點都放在接下來幾天的比賽計畫最終方案，所以我的觀察技巧沒有平常好。當然我最糟糕的過失，是明知道墨西哥這個國家盛行汽車竊盜案件，卻把價值 10 萬美元的超珍貴儀器放在車上無人看管。你可以看得出來，在當時情況下我犯的錯誤和心不在焉逐漸累積，終於導致車子被偷（也害我們多個月來的苦心準備付諸流水，喪失贏得比賽的機會）。這個關於情境覺察的教訓，代價十分昂貴，也令我心生謙卑。

這裡還有另一個故事，也闡釋如何評估情境覺察。讀完之後不妨比較一下，你的結論和我的是否相同。

孟加拉達卡市

我喝完第三瓶澳洲產的維多利亞苦啤酒（Victoria Bitter），把瓶子放在櫃檯上，拿起最後一塊油膩的玉米脆餅。這一天過得很漫長，我與美國大使館幕僚和孟加拉

政府官員開了一整天的會，感到很疲勞，這會兒正在「美國俱樂部」（American Club）輕鬆一下。身邊的朋友是美軍特種部隊隊員，他和我一樣，負責協調美國和孟加拉之間各種不同的安全議題合作機會。今天這個場合對我來說不太尋常，因為旁邊沒有任何美國高官或專家，所以不必像往常一樣負起招待的責任。

美國俱樂部坐落在孟加拉首都達卡的六十九號路（Road 69），這是大使館林立的高爾杉二區（Gulshan 2）裡的一處住宅區。駐外代表、外國事務官、間諜，還有我這樣的軍職人員都常到這裡走動，我們可以在裡面放鬆，吃（相對）安全的食物，說話也不必保持警戒，因為外面設有兩階段安全措施，四周也有充足的圍牆。此時將近午夜，俱樂部快要打烊了。

我丟下一枚籌碼，開口說：「我好了，我們走吧。你有車嗎？」兩個白人男子徒步穿過城裡，會讓大使館大皺其眉，所以我們都有配車，還有指派接送我們的司機，司機是本地人，很清楚如何在擁擠不堪的車陣中穿梭，一旦發生意外，也能夠脫身。那一晚是我朋友的司機開車送我們去俱樂部。

這時候他說：「沒有，我叫司機回去了。人家在喝啤酒，他在外面守著，沒有比這個更討厭的事了。」

　　那只好來一趟夜間漫遊了，我倒是無所謂。3 年來我負責美國和孟加拉之間的交換計畫，對這個地區非常熟悉。我厭惡這個城市，它的擁擠和汙染更甚新德里，不過我很喜歡孟加拉的老百姓，他們堅忍樂觀，充滿活力。我和朋友站起來，放下一些塔卡（taka，孟加拉貨幣）付帳，然後便離開了。我一通過安全界線進入街道，立刻掃視是否存在威脅，注意寥寥幾輛停在街上的汽車，確定車上沒有駕駛人，也沒有更糟糕的狀況，那就是駕駛人旁邊還有乘客。街燈之間和黑暗巷弄之間有幾處空缺，看不出有嚴重的問題。附近沒有人流連，我們得走半英哩路回旅館。

　　達卡的天氣像往常一樣溫暖，但不沉悶，至少沒有下雨，這裡一下雨就可能是傾盆大雨。我們兩人身上都沒有帶武器，啤酒下肚之後，精神也都相當放鬆。

　　我們從俄國大使館旁邊的路口轉到大馬路上，這時我的夥伴指了指一條街道，它在遠處逐漸沒入黑暗之中。

　　「你去過那裡的何利手工麵包坊（Holey Artisan Bakery）嗎？」

　　「沒有。」

　　「你該去嘗嘗看。那裡是少有的安靜、有綠意的地方。義大利人很愛去那裡，咖啡棒極了。」

　　「可頌麵包呢？」我不喝咖啡，但是熱愛法式糕點

麵包。

「銷魂。」

我在心裡記下那個地點：巷子、照明不太理想，但是穩穩位在使館區內，因為附近至少還有另外兩處外國領事館。我們繼續向前走，走到高爾杉二區的主要交叉路口時互道再見，然後我轉了彎。

「你不是住在威斯汀（Westin）嗎？」威斯汀是這一區唯一的國際連鎖飯店，二十四層樓的建築此刻正矗立在我們面前。

我搖搖頭：「我把手下遷到河岸旅館（Lakeshore）了。威斯汀早晚會發生汽車爆炸案，你見過它門面的樣子。」（那棟建築有一根支撐圓柱橫跨入口處。）「只要一輛卡車停在下面引爆火藥，它就完了。河岸旅館就低調得多，何況還送免費早餐。」

我們分道揚鑣後，我又走了好幾個街區才回到旅館，一切平安。

請暫停一下，問問你自己：我當時的情境覺察是什麼？

你估計我的午夜達卡漫遊算什麼情境覺察才適合？

你會說它是熟悉或不熟悉？安全或不安全？歸類為開放覺察層級或認知覺察層級比較貼切？先記下你的想法。現在讓我添加一些最後的細節，好為這則故事下結語。

後來那趟旅程變成我最後一次去孟加拉，因為我被遴選組建並指揮一個最高機密特種作戰單位，終究與那間麵包店失之交臂。

過了一段時間，孟加拉聖戰士組織（Jamaat-ul Mujahideen Bangladesh）的 5 個恐怖份子闖入何利手工麵包坊，發動該國有史以來最嚴重的攻擊事件，屠殺 27 個人質，有些死在恐怖份子手中，有些則在拙劣的援救行動中殞命。其中有 18 個是外國人（大多是義大利人和日本人），事實上他們是這次攻擊的目標，其餘 9 個罹難者是孟加拉人。恐怖份子剛開始控制麵包坊時，曾經逐一審問俘虜，能夠引述《可蘭經》的俘虜被饒過一命甚至獲釋。另外還有幾個人逃過一劫，他們多半是麵包坊的員工，出事之後反應迅速，有的把自己反鎖在旁邊的房間內，有的爬上屋頂之後跳到隔壁建築物的屋頂逃生。

這些額外資訊有沒有改變你的評估？其實這是騙你

上當的後續問題，因為正確答案是不應該有所改變。我的評估是這樣的：當時情境熟悉且安全，而我則處於認真覺察的狀態。

後來發生的恐怖攻擊不是變數，因為在真實情境中，並沒有任何事物導向那個結論。雖然像達卡那樣的城市和孟加拉那樣的國家，威脅是貨真價實的[1]，但是用誇大或扭曲的觀點來檢討被害者，是很容易淪落的陷阱。何利手工麵包坊攻擊事件是一場駭人的悲劇，但也是異常的悲劇；好比你因為發生了 911 恐怖事件，從此以後就避免前往紐約市，無異是因噎廢食。這兩種情境發生的機率都非常低，不應該影響你個人的情價覺察評估，當你計畫下一趟前往洛杉磯或城裡某處時，極端事件所提供的實質協

---

1 那不是我最後一次與恐怖事件擦肩而過。3 年之後，我也逃過肯亞最嚴重的恐怖攻擊，時間只差了幾個月，那次索馬利亞青年黨（al-Shabaab）激進份子在首都奈洛比的西門商場（Westgate Mall）發動攻擊，死傷兩百人。我們這些在奈洛比工作的美軍特種作戰人員早就意識到西門商場是他們的目標，但還是常常造訪該地，只是始終保持謹慎，我自己也會去西門商場吃東西和購物。會不會這些遇害者只是在錯誤的時間去了錯誤的地方？或是他們沒有恰當評估情境，因此將自己陷進危險之中？在攻擊發生之前和發生當下，他們有別的選擇嗎？我們在「工具三：武裝威脅和激進槍手」那一章會廣泛探討這些問題。

助，大概和國家恐怖活動警報系統的公報不相上下。

情境覺察練習

現在讓我們回到原則一的中心主旨。為了建立你的個人情境覺察，這裡提供一些假設的情境，好讓你的大腦了解情境是怎麼一回事。這麼做會創造一條底線，也就是做好準備的基礎，萬一碰到危機，不管發生任何事情，這個基礎都屹立不搖。做完這些假設性練習之後，你的大腦會自動回復到你反覆演練的狀態，等到真正碰上危機，你就會不由自主的根據先前演練的內容行事。你可以把這項練習想像成心理肌肉記憶（mental muscle memory），它是特種作戰成功的一個關鍵和祕訣，也是我們為什麼要反覆演練情境的原因。

不過在練習之前，還有幾條額外原則請你遵守。**第一：不要過度嚴肅或覺得太沉重**，因為你坐著閱讀這本書的時候，或是在餐廳、辦公室的時候，都不是置身特定威脅之中（至少我們是這樣希望的）。事實恰恰相反，你正在對一個更廣闊的世界敞開自我，一個你以前從未意識到卻一直都存在的世界。**第二：找另一個人一同練習**——朋友或伴侶都行。兩個人比一個人的觀察力更強、獲益更大。如果你寧願一個人練習，或是正在旅途之中，那也沒

關係。**第三：要有耐心，信任你自己**。不必是專家，也能觀看世界；截至今日你都做得很好。**最後：這些都是簡單的練習，焦點只放在情景覺察上**。等後面納入更多資訊和原則之後，會加入更多種型態的練習，不過目前先堅持嘗試這種只專注兩個層面的練習，也就是情境與覺察。

練習 1：與安德列（Andre）或安德麗雅（Andrea）共進晚餐

挑一家好餐廳，不要選速食餐廳，因為你得在那兒待上一段時間（顧名思義，速食不容許你多花一些時間觀察，而且在你開啟更安全的新世界觀之際，怎麼說都值得吃一頓好的。）一旦就座，就問問自己下面這些問題：

（1）這是個熟悉或陌生的地方？

（2）你以前在這裡吃過多少次飯？

（3）你清楚這個地區嗎？

（4）你覺得餐廳裡面安全嗎？

（5）有沒有人流露敵意或顯示危險的跡象？

考慮餐廳本身。真正睜大雙眼觀察每一樣事物。餐廳員工看起來專業還是彆腳？如果你看得見廚房，那麼廚房看起來乾淨有條理，還是骯髒而凌亂？如果看不見廚房，你就站起來在餐廳四周走動走動，這樣或許能看見廚房。

（事先警告你：聚精會神看過餐廳廚房之後，恐怕會嚴重影響你點菜，抑或打擊你再度光臨的意願。）

入口的情況如何？照明充足嗎？門口夠不夠寬敞，能否容納好幾個人同時進出，抑或形成嚴重阻塞點──萬一你需要立刻跑出去，會不會和其他人一起塞在那裡出不去？

餐廳裡夠不夠安靜，如果隔壁桌或餐廳門口發生什麼事，你聽得見嗎？如果這是一間人滿為患的酒吧，講話都要大聲嚷嚷別人才聽得見，那麼一旦有突發事故，你可能要花久一點時間才會發現。

去一趟洗手間，思考去洗手間必經的路線。你需要經過長長的走道嗎？如果是的話，走道的燈光夠亮嗎？廁所是分男廁、女廁，還是只能容納一人的單間？你需要考慮門鎖牢不牢靠。萬一有人在廁所攻擊你，他可以從後門或其他通道逃離餐廳嗎？此外，洗手間乾淨嗎？確實看清楚，因為依照我的經驗，餐廳的洗手間洩漏許多關於廚房品質的資訊，還有你究竟應不應該在這家餐廳用餐的資訊。

有一個項目和安全的關係比較小，但能顯示你的覺察程度高低：室內裝潢如何？你去吃飯時，曾經注意過餐廳內部所陳設的藝術、顏色、家具嗎？它們告訴你什麼關於這個地方的訊息？如果是連鎖餐廳，你大概所獲不多，因為它們都是一個模子印出來的；假如是私人經營的餐廳，

你會得到一些收穫,更棒的是,它會替你的用餐經驗增添色彩——至少理當如此。

你覺得餐廳的外圍安全嗎?門外的路人是行色匆匆或是安閒踱步?可能有人隱身行藏,躲在人群裡觀察你嗎?

你離開餐廳以後,走回車子、旅館、住家的道路安全嗎?抑或路上有些地方值得擔心,讓你覺得不安全?

針對上面這些問題你不需要花很多時間作答,只要憑直覺判斷它是熟悉還是陌生,是安全還是不安全?

接下來思考你的覺察程度。這也許有些作弊嫌疑,因為你剛剛才特別注意過目標地點,所以很可能是處在認真覺察的狀態,刻意留心各種線索。比較適當的問題是:你應該處於什麼覺察狀態?你真的應該不知不覺,含情脈脈凝視共餐對象的眼眸,或是只把視線放在自己的雞尾酒上嗎?你多半不會那樣做。最可能的答案是開放覺察,當你吃完飯離開時,我希望你心裡已經有了綜合以上討論的三項元素所形成的答案。譬如:熟悉、安全、開放覺察。這樣做讓你能夠簡化評估動作,變成容易消化的過程。在後面的章節中,你將會學到一件事:**單純是安全的關鍵。**

練習 2:舊金山大街(其實哪裡都一樣)

在城市裡找一條繁忙的街道,條件是可以任意走動,

而且時時有人出沒的地點。我不要你找一個已知不安全的地方，請你出去四處走走，找一個新的或至少自己不熟悉的地方。現在，你在那裡走個 15 分鐘，這次我們要問的一些問題，是你在走動時應該運用到的訊息。你也可能注意到，只要走幾個街區，甚至走一個街區，你對那個地方就可能從熟悉變成不熟悉。

你走路的時候，有沒有看到或經過也許比較危險，或是特別安全的地方？譬如巷弄、停車場、咖啡館門口、商店等等。

如果時間是夜晚，街道上的照明如何？是充足或是太黑暗足以讓人藏匿？照明不足的地方，旁邊有沒有可以躲人的地方，像是矮牆或黝暗的出入口？

如果時間是白天，想一想剛剛的問題，你能想像天黑之後這個地方會是什麼模樣嗎？假如你必須在午夜重新走過這個地點，你願意這麼做嗎？或者這是個只適合白天來的地方？

若是你選擇的是大都市，特別注意監視攝影機。（倫敦是世界上監視攝影機最密集的地方，不過中國的某些城市也許是例外。）攝影機裝設在建築物上，或是街燈、交通號誌桿上，懸掛位置需要夠高，以免拍攝視角受到阻礙。假如你發現一個監視攝影機，繼續找找，很可能還有

別的，數數看一共有多少。這麼做的目的只是要你認識到一點：你受到監視的程度，遠超過你所知道的，因此光是明白這一點，你的覺察程度就得到了改善。

你身邊的人們是什麼樣子？是在陽光明媚的星期日沿著塞納河悠閒漫步的巴黎人？還是在曼哈頓下城（Lower Manhattan）行色匆匆的紐約人？因為在這座不眠之城裡沒有人輕鬆的散步。嘗試不要把焦點鎖定個人，而是把整個周遭當成一個整體（後面的原則二「信任和利用自己的直覺」會再討論這一點）。

話雖如此，假如你注意到某人，因為他的樣子或言行困擾你或令你擔憂，那麼你就要利用新技能迅速加以評估。對方走路的姿態告訴你什麼訊息？那個姿態顯得自然還是故意？你覺得他的樣子笨拙嗎？他看起來很生氣嗎？他的肢體語言是不是很緊繃，拳頭緊握，臉部表情僵硬？此時不宜與對方眼神接觸，不過你將在原則二那一章學到，肢體語言會告訴你對方是誰、性格如何。還有，你也許會發現自己正成為他人眼中理想或乏味的目標，不過現在只要記下這個人，以及他對構成此一情境有何貢獻即可。他給這個情境增添風險嗎？或是他對整體安全有幫助？

當你（安全）返回車上或地鐵後，想一想自己的評

估是什麼？和第一次練習一樣，我希望你將三項元素綜合起來，構成完整的圖象，譬如：陌生、安全、認真覺察。假如你散步時對不同的地點做出好幾種不同的評估，那也沒有關係，事實上，這樣能幫助你的學習曲線，因為它教導你：評估不是靜態的，而是動態的，隨著你的地點或周遭條件改變，評估結果也會跟著變動。

練習 3：惡魔穿著普拉達

購物是常見的場景，能引你去接觸潛在的不良份子。雜貨店離你的住家很近，如果不懷好意的人想要跟蹤你，利用雜貨店就比較容易做到。購物商場、珠寶店之類的奢侈品商店，甚至體育用品店等環境，也能幫助你研究自己的情境、判斷情境覺察。

如果是夜晚，如同所有夜間情境一樣，務必問問自己：照明狀況如何？恰當嗎？如果不恰當，而且這又是你經常造訪的商店，就要尋找最佳停車地點，選擇基礎是它與商店門口的距離以及照明狀況。

進入商店之後，不要只顧著看你的購物清單、衣物陳列架或珠寶展示櫃。你當然應該享受購物的樂趣，可是偶爾要停下來看看四周，注意自己身旁有哪些人。有沒有什麼人特別打眼，穿著不恰當（過度盛裝或過度隨便），

有沒有人正在注意你？你應該留意這樣的對象。他們應該
出現在那裡嗎？這樣的人不見得是威脅，可是如果你做過
前面的練習，此時就應該會注意異常的事物。不論對方為
什麼惹人注意，重要的是你注意到了，套句電視兒童節目
《芝麻街》（*Sesame Street*）的說法：**如果其中有一個
和別的都不一樣，你就應該停下來，想想為什麼。**

　　如果你旁邊某人打算觀察你買的東西或你往哪個方向
向走，他們會選擇待在什麼地方？通常是你的身後，因為
這樣就有機會觀察你比較久的時間，而不會引起你的注
意。

　　你在商店裡面要考慮替代出口。如果前門被歹徒堵
住，或是發生火災無法從入口逃生，那麼後門在哪裡？店
家通常會把後門隱藏起來，或是標示「只限員工出入」的
警告，不過碰到緊急事故，擅闖也無妨。**你應該養成習慣，
每次進入一家商店時，都要留意後門的位置。**

　　購物的時候也應該謹記其他基本安全原則。走出珠
寶店時，切勿把手伸出來端詳，還用所有人都聽得到的音
量叫道：「你不該破費的！」炫耀新買的任何東西都等同
於邀請有心人向你下手。

　　走出商店時，停下來看看四周，注意身旁的情況，
不論是停車的地方，或僅僅是走出店門外都一樣。還有更

理想的做法：**在店裡面就先觀察，誰在外面？**

走到停車的地方之前，先在一段距離之外觀察你的車子，將那個地點當作自然起點，然後查看停在你車子兩側的車，車上有沒有人？如果有，那是什麼樣的人？開迷你廂型車載小孩參加體育活動的媽媽？還是因為中年危機而刻意開保時捷（Porsche）跑車的花花公子？再把視線延伸到更旁邊的車子，假如某輛車上的人吸引你的目光，就記下車子的品牌、車款和顏色。你不必努力記住車牌號碼，可是等你坐上自己的車子後，就利用照後鏡觀察：在你的車子離開後，那輛車是否也駛離現場或是跟在你的車後？

你選幾個不同的商店做練習，完成之後為每一個做評估：熟悉或陌生、安全或不安全、開放覺察或認真覺察。做完之後，再回想一下細節（最好真的做筆記，利用紙筆或手機的記事本記錄都行）。如果你下次回去那間商店購物，應該採取什麼不同的作為？你的評估和你事先預期的一樣嗎？和以往的經驗相比呢？

練習 4：巨星誕生

這個練習場景擴大了一些，納入更多人、更多感官訊息，以及更多動態環境。下次你去電影院、劇場、夜總

會、喜劇俱樂部（音樂會更好），請考慮下面這些問題：

停車場怎麼樣？表演結束時，停車場會亮燈嗎？照明足夠讓人看清周遭的汽車嗎？萬一有人盯著群眾找下手目標，你能看清楚嗎？

入口是什麼情況，進入會場的程序又是如何？有沒有妨礙出入的瓶頸點？這個入口有利大批人潮退場嗎？

場地的出口容易辨認嗎？萬一發生事故必須立刻離場時，你需要努力尋找出口嗎？出口的位置會增加你的安全，還是構成問題？譬如門前有簾幕遮擋，或是旁邊有桌子或其他家具擋路？

群眾又是如何？他們的集體能量有多旺盛？是不是喝了很多酒，可能煽風點火觸發暴力行為或恐慌嗎？（一旦發生猝不及防的事故，幾乎毫無例外，都會導致群眾暴力或恐慌。）

萬一遠處有人開火或炸彈爆炸，這批群眾會怎麼反應？會立刻爆發恐慌嗎？畢竟他們的精神早已十分亢奮。還是他們會在驚詫中陷入短暫的沉默？（順道一提，短暫沉默的這一刻，是絕佳的利用機會；首先反應過來的話，就能佔得先機。這一點你在後文會學習到。）

打架也是一樣：如果現場有人打架，會不會挑起群眾暴力相向，導致足球暴動式打群架場面全面爆發？也許

有人打架反而造成群眾退縮，進而避免暴力事件發生。

讓實際狀況和群眾決定你的覺察程度。你可能進入開放覺察狀態嗎？還是應該進入認真覺察狀態？現場的能量和你自己的投入程度或歡欣程度，是不是已經高到令你進入威脅或戰慄狀態了？記住，這不一定是壞事或危險，只代表你客觀評估自己應該體驗的覺察程度。請以我在墨西哥犯下的錯誤為殷鑑，不要因為熟悉或自以為熟悉那個地方，就放鬆該有的覺察。

結論

現在你所注意到的細節，過去卻視而不見，原因往往是那些細節太熟悉，或是你已經習慣成自然，失去敏感度（就像你不把政府警告放在心上一樣）。如今開始注意這些細節對你有益無害，它代表你覺察了——覺察你自己、覺察細節、覺察周遭的事物。

我希望你好好想一想先前做過的練習。你擁有新的手段，可以了解和簡化對周遭環境的評估，此外你也知曉應該針對特定情境，運用合適的覺察層級。如果可以的話，不妨在日常生活中和旅行時思考，為任何情境進行分類：熟悉、安全、開放覺察；不熟悉、不安全、認真覺察，以此類推。

　　你當下可能不覺得，但其實這麼做下來，你已經開始不費力的改造自己的大腦和感官，而且過程還可能很刺激，甚至很有樂趣。情境覺察是一種心態，一套日積月累慢慢建立起來的態度，你需要持續不斷練習，才能真正擁有穩扎穩打的情境覺察。練習的時候，你要知道自己正在培養一個終生受用的習慣，還可以與你關心的人分享，使每個人在這個變動劇烈的世界裡更加安全。話又說回來，即使是扎實的情境覺察，也只是更廣大基礎的一部分。下一章我要探討的主題深切洞察潛意識的力量，簡直就是你從靈魂深處與自己對話，那就是直覺。

原則二

信任和
利用自己的直覺

加州威尼斯海灘

　　艾煦莉（Ashley）關上車門，檢查她的豐田轎車確實已經上鎖後，走一小段路回到她住的公寓。這是個宜人的夏末午後，艾煦莉結束一天漫長的工作，這會兒盼望能輕鬆一下。她是土生土長的南加州人，個子嬌小，只有 165 公分高，還有一頭淺栗色的秀髮。艾煦莉搬到威尼斯海灘（Venice Beach），原本是為了嚮往臨海水岸的生活風格，不過最後落腳的地方是離海灘有一段距離的安全門公寓，因為那裡比較便宜，也比較安全。

　　下面要講的這名男子也是土生土長的南加州人，姑且

叫他喬依（Joe Keesling）。喬依不住在威尼斯海灘，而
是住在附近的海景社區（Mar Vista），離洛杉磯比較近。
那天他瞧見艾煦莉走近公寓大門，就迅速跟上她。

艾煦莉輸入安全密碼開門時，感覺有人站在她肩後，
那個人對她說：「妳能把門開著嗎？我來這裡找朋友。」

艾煦莉瞥了他一眼。喬依看起來沒有問題：年齡
27、28 歲，和她差不多，個子比她高一些，大概 178 公
分，儀表堂堂，不像是問題多多的典型海灘流浪漢。不過
艾煦莉已經在這裡住了好幾年，幾乎所有鄰居都認識，卻
從來沒見過這個人。還有他的樣子也有些可疑──不是容
貌，而是看她的眼神，讓她心裡毛毛的；雖然還算不上邪
惡，但艾煦莉就是覺得怪怪的。這時喬依露出微笑。

後來艾煦莉回憶當時的情況，她說：「我不想被罵
賤人，而且覺得自己的想法實在很荒謬。」所以，儘管艾
煦莉絕對不會想和喬依那樣的男子約會，卻還是讓他進了
大門，畢竟他是來找朋友的。然後艾煦莉走進她的公寓，
把門鎖上；她從來不會忘記鎖門。

「我自己一個人住，所以進了屋子就像平常一樣作
息；我決定要洗衣服。」

艾煦莉拿起幾乎塞滿的洗衣籃，來到一樓的社區洗
衣間。她忙著把衣物放進洗衣機，心裡並沒有特別想什麼

念頭。「然後我就看見他了。」喬依走進來，把身後的門關上。艾煦莉說：「我立刻就曉得：這下糟糕了。」

她走向喬依，說：「讓我出去。」

「妳他Ｘ的不許走，」喬依喊著，穿過房間，把艾煦莉推到牆邊，然後摔在地板上。他開始攻擊艾煦莉，想要脫掉她的衣服，艾煦莉反抗，不肯乖乖就範，更加奮力掙扎，在過程中打他、抓他，並且開始放聲尖叫。

「救命！來人哪！」

艾煦莉的叫聲很大，幾個鄰居透過洗衣間的窗戶聽見求救聲，很快就衝進房間，所幸房門沒有上鎖，幾個人把打算強姦艾煦莉的喬依拉開。在接下來的混戰中，喬依設法脫身，跑出洗衣間，接著從社區的前門逃走，這時一位鄰居打電話報警。

洛杉磯警局的刑警史妲絲基（Starsky[2]）負責偵辦這椿案件，她已經在執法機關工作 20 年，過去幾年都在偵辦性犯罪案件，她一直是洛杉磯警局編制的一員。史妲絲

---

2 史妲絲基是假名，她嫁給洛杉磯警局的另一位刑警賀璉（Hutch），他們倆人都希望身分保密，所以我用電視影集《警網雙雄》（*Starsky & Hutch*）兩個主角的名字作為他們的假名，只是好玩罷了。此外，誰不想當那部片子裡的英雄警探呢？

基有兩個孩子，性格友善，喜歡照顧別人，甚至容易讓人卸下心防，她的這一面掩飾了多年刑警工作磨練出來的精明、強悍的另一面。史妲絲基的性格在審訊性侵犯時尤其得力，因為對方覺得她本人就是容易下手的「目標」（身高只有 165 公分），每次向嫌犯刑偵取供時，史妲絲基都使出這一招，效果奇佳。許多定讞的重罪犯可以證明她具有這些與生俱來的能力。

史妲絲基和艾煦莉坐下來交談，娓娓道出事件始末。艾煦莉像大多數受害者或差點遇害的人一樣，在近乎意識流（streams of consciousness）狀態下，凌亂的回想事發經過。史妲絲基耐心等待，她曉得這不但是接收關鍵訊息的最佳方法，還是復原與療癒過程的起點。不過史妲絲基也專心聆聽，找尋她預期的線索；那條線索終於出現，只是一句話，她把這句話和關於罪犯與犯行的其他細節一併記錄下來。

「我就知道我不該讓他進去。」

「為什麼？」刑警史妲絲基問艾煦莉，雖然想聽到理由，但不能誘導證人。

「因為他就是……怪怪的。而且我不認識他。」

史妲絲基點點頭，在筆記本上加了註解，然後繼續等待。

「我本來想找公寓管理員，可是那樣挺傻的。還有，現在我想起來了，我讓他進去大樓之後，我知道他盯著我，看我走進我自己的公寓。」

這種事史妲絲基看多了。艾煦莉透露的訊息讓這位刑警把焦點調整到一項細節上；史妲絲基幹了幾十年警察，她發現這是所有攻擊發生之前，一致性最高的特點：受害者曉得什麼是錯（性侵者和他的舉動），也知道什麼是對（不能讓他接近妳）。然而艾煦莉還是明知故犯。

艾煦莉「知道」的東西，是她內心對自己發出的原始呼聲。人類經過數百萬年的集體演化，才造就出這種每個人天天都會發出的內心呼聲（也許更準確的說法是「細語」），其實一言以蔽之，就是直覺。關於艾煦莉的遭遇，有個揮之不去的疑問就是為什麼？為什麼她內心明明有一股睿智的古老呼聲在召喚，她卻沒聽到，或是聽若未聞？這正是我們要挖掘的內容。

什麼是直覺？

我不想拿《韋氏》（*Merriam-Webster's*）辭典上正經八百的定義來煩你，寧願引述一段話來說明；對大部分人來說，這就是「直覺」的意思：「今天晚上街上不平靜，我可以從骨子裡感受得到。我有預感他不應該自

己一個人去。」這是前老鷹合唱團（Eagles）成員傅瑞（Glenn Frey）寫的歌詞，曲名叫《私梟藍調》（*Smuggler's Blues*）。上面引述的這幾句是歌曲一開頭的歌詞，為直覺的精髓提供絕佳心像（mental image）。多年下來，我個人琢磨再三，為直覺下了這麼個定義：直覺是針對某人或某事的快速、現成的洞見。對我來說，你的直覺是一種潛意識智力（unconscious intelligence），平常躲在潛意識中，在你不知不覺間自行運作。艾煦莉曉得不要開門，根本不需要經過思考，她的第一反應就告訴她需要立即做什麼事。

直覺會自動、迅速探查你的潛意識經驗深處，那兒有你自己一輩子累積下來的經驗。你在歲月中逐漸體會的模式，以及好好壞壞事件留下的結果，形成了直覺的基礎。記住，直覺不僅是用來避免災難或傷害，它也能引領你達成有利的結果：事業成功、個人進步，甚至覓得愛情。想想某個進入你生活的人，一個從結識之初你就曉得將會投緣的人。那就是直覺。

你的直覺代表人類意識本身的演化，是歷經數百萬年發展而成的。大部分人過日子從來沒想過這碼事，甚至不知道直覺的存在，它就像呼吸一樣，本來就在那裡，是我們生存的必須副產品。你的這部分潛意識是獨立運作的，

與有意識的思考、有邏輯的決定沒有瓜葛，甚至是使用截然不同的神經線路與程序。

對此最好的解釋可能是大腦內有兩套分離的心智系統（mental system），這兩套系統甚至盤據不同區域。第一套系統是你的大腦邊緣系統（limbic system），有時候被稱之為「爬蟲類」（reptilian）腦，它與生俱來，而且偏重直覺，反應迅速，完全在潛意識進行。邊緣系統與你和你的每一位祖先一同演化，血緣可以追溯到第一個在東非大裂谷遊蕩的先祖。經過無數世代千錘百鍊後，人類據此反應與行動，意謂防止自己淪為別人的晚餐。因此，恭喜你擁有卓越的祖先，沒有他們，就沒有今天閱讀這本書的你。

邊緣系統是大腦內部一套複雜的次系統，組成結構的元素包括下視丘、海馬迴、杏仁核，還有別的你永遠也記不住的字眼。不過重點在這裡：邊緣系統是你直覺的來源，狄貝克（Gavin de Backer）寫了一本關於直覺的開創性著作，書名是《求生之書》（*The Gift of Fear*），就像書中所寫的：「直覺把我們與自然世界連結起來，也把我們和自己的本性連結起來。直覺脫離判斷的枷鎖，只與知覺結合，帶領我們做出預測，等到事後我們才對預測之準確後知後覺的感到驚嘆。」我希望讀者讀完這本書的時候，也

會驚嘆自己的預測能力竟然十分高強。

　　第二套系統稱為新皮質系統（neocortex system），也是由你記不住的一堆字眼組成。新皮質系統負責你內在的「帳房」，它的運作方式和會計的作帳行為大同小異，也就是透過審慎、分析的方法進行製造與處理程序，然後做出合理的決定和行動。這兩套系統（邊緣系統和新皮質系統）不太互通有無，為了獲取個人最大的利益，視情況的需要，一套系統會使勁壓過另一套系統。

　　有趣的是，你還有另一個直覺來源，在身體比較下面的位置，和邊緣「爬蟲類」系統全然分離。這個系統就是你的「腸子」，英文「from the gut」（來自腸子）的意思就是直覺反應，這麼看來還真是名副其實。人類的消化道裡含有上億個神經細胞，它們和組成大腦核心的細胞完全相同。所以我們可以很有把握的說，這些細胞既細緻也很有能力，至於它們究竟如何協助消化，為什麼它們會寄居此處，又為什麼數量那麼龐大，卻很難下定論。

　　我們已知的是，腸子裡的神經細胞有自己的「頭腦」，功能和一般大腦沒什麼不同，它們能思考、能感受，結果就是形成直覺的另一個來源，由於腸子裡的神經細胞和大腦分開運作而且威力強大，它們可以讓消化喊停，並且從胃部發出警告。這就是「腸子感覺」（gut feeling，

亦即直覺）這個詞的由來，最早可追溯到希伯來《聖經》
（至少是最早見諸文字的記錄），《聖經》上說人體的中
心是腸子，它是人類情緒的源頭。除了大腦之外，人體器
官中唯有腸子擁有如此精巧的個人生存系統。

有些人（特別是科學界）認為直覺不是像樣的科學，
因為直覺缺少應用價值，也無法證明它可靠。此外，過於
男性化也可能打擊直覺，因為男性覺得若是賦予直覺價
值，無異是貶低自己的身分。假如男性承認直覺存在，原
因是他們體驗到男子漢的「腸子直覺」，而不是比較柔弱
的「女性直覺」，其實兩者當然是同一件事。我可以作證，
直覺不僅在科學上千真萬確，在真實世界中也可以應用，
因為直覺救過我的性命，反之我也曾疏忽自己的「婦人直
覺」，結果莫不付出代價。從來沒有人指責我不像個男人，
不過那不是重點。

我們再把話題轉回偷車賊的故事。讀者可能還記得，
那一天我們從墨西哥聯邦一號高速公路轉到跳速降傘的地
點時，我提到路上有一些屋子，它們在泥土路的一側排成
一列，每一間的院子裡都有許多山羊和狗，看起來就像某
種自給自足的聚落。當時開車的人是我，好友傑特正在我
身旁忙著打電話協調比賽事宜，車子經過那群房舍時，我
向幾個站在院子或坐在前廊的居民揮手。我記不得他們長

什麼樣子，可是直到今天我還能清楚描述他們的反應，那就是毫無反應。在此之前我已經在墨西哥待了很長的時間，所以我很確定一件事，那就是墨西哥百姓極其友善。

因此這些人沒有反應很奇怪，令我感到困擾。我以前並不是沒有碰到過不友善的墨西哥人，可是這個情況不一樣：宜人的星期天午後，人們在自己家門外閒晃，怎麼看也沒有理由不友善。我放下揮舞的手，對傑特嘟囔了幾句，不過現在也想不起來自己當時說了什麼。

車子繼續往下開了四分之一哩路，我停下車子，然後倒車，把卡車停在矮樹叢後面，關掉引擎，又說了一句平常不會講的話。

「我想在這裡再待一會兒。」我怪罪感冒，這理由自然是真的——我的體能狀況並不理想。我們繼續做準備，把降落傘和頭盔拉出來，左右張望一會兒，又交談了幾句。此時四下看不到任何人，而且從高速公路上看不見卡車，何況以前我們也曾經在這個地點跳過傘。傑特這個人還有個好處，他能把本來就刺激的活動弄得比實際更有樂趣，所以他是低空跳傘冒險活動的絕佳拍檔。反正我們15 分鐘內就會降落在卡車旁邊，沒啥好擔心的。

我拍板定案：「好吧，我去。」儘管先前我還主張根本連停都不要停下來，直接帶著所有家當往邊境過去。

　　我們把最貴重的物品放在雙排座駕駛室（crew cab）的後座，上面堆著亂七八糟的收納袋（彷彿這樣就能阻止任何人染指似的）。有一刻我想到要把放護照和筆記型電腦的公事包藏在停放卡車的邊坡樹叢後面，可惜這念頭一閃即逝。

　　我告訴自己，如果在登上山頂的短短路途中不想飛了，隨時可以折返原地。我接著很快的合理化一番，生生壓下自己的直覺：今天「是」個好天氣，跳速降傘「是」很棒的活動，好空氣對我的感冒「會」有好處，「不會」有事的。我把卡車鑰匙放進口袋，兩人開始爬山。十來分鐘之後，我們的整個賽車計畫在一道塵埃中飛灰湮滅。

　　我們為 Baja 1000 越野車賽付出的一切心血被竊賊偷走，直到今天我還氣憤不已，原因之一是我當時心頭明明縈繞兩樣不悅的情緒，但卻生生棄之不理。第一樣是當地居民十足異常的反應，第二樣是本來我已經主張不跳速降傘，直接去邊境，畢竟那裡還有很多事要辦，攸關我們能否達成去墨西哥的目的（也就是贏得傳奇的越野車比賽）。我曉得事情有些不對，這正是我突然靈光一閃，想到把最貴重的物品藏在樹叢裡的原因。

　　不過最能透露情況有異的是第一件事給我的感覺，當地人的異常反應在潛意識裡困擾著我，令我感覺值得對

傑特提一提。究竟是什麼原因，其實現在看來就非常清楚
了。回想起來，那些人已經告訴我他們的企圖，他們隔空
傳遞訊號給我們，就像從古到今所有狩獵者發送的訊號一
樣。當你計畫對別人使壞時，就不把你的受害者或下手目
標當人了，至少不把對方看得像你自己一樣重。對於打算
傷害的對象，你是不會抱著友善態度的。這種蔑視對方的
形式是一種人類功能，我在戰鬥中見多了。

　　那麼他們究竟幹了什麼？我們的車子經過之後，他
們當中有一人用手機聯絡本地的偷車集團，我很確定他們
一定常常幹這種勾當。這夥竊賊簡直是中了樂透：兩個外
國人的跑車、大卡車，以及賽車所需的全套設備。天曉得，
也許後來他們自己跑去參加 Baja 1000 越野車賽了，混帳
傢伙！到頭來該負責的還是我們自己。儘管發生這種事，
很多情況都不是受害者的錯，可是我們這次不同，傑特和
我是經驗老到的旅人，其中一個還具備將近 30 年的祕密
行動和特種作戰經驗，我們並不是普通受害者，除了我們
自己之外，誰都不該責怪。在上山以前，本來在最後一刻
還有機會得救，也就是對我緊急示警的那道聲音，亦即我
的直覺，可惜我充耳不聞。

直覺和本能的差別

有一件事很重要，那就是明白直覺和本能是兩回事，而且差別顯著。本能是由低於意識層次的反應所促成的行為。本能也位在大腦的邊緣系統，這個活化劑很可能至少救過你的祖先好幾次，使他們逃過劍齒虎的捕殺。我這樣區分兩者：有人打你的臉一拳時，你自動產生或戰或逃的反應，那就是本能，至於直覺則是在對方出拳之前，你就知道他要打你了。我們之所以對直覺感興趣，主要是因為它在壞事發生之前，讓你可以做決定並採取行動。如果等到本能冒出來，再想避免那個情境就太遲了，到時候你只能單純的反應。話雖如此，知道自己擁有本能還是很不錯的，這部分我們在「原則五」那一章再回頭討論。

直覺的兩種類型

現在你已經了解內在聲音的生理特質與演化特質，我們就從個人安全的角度來探索直覺。基於個人安全的目標，我們可將「行動」直覺分成兩種類型，第一種是你計畫做決定的時候，第二種是你面對威脅升高的時候，我將它們分別稱作「計畫直覺」（Planning Intuition）和「威脅直覺」（Threat Intuition）。

計畫直覺名符其實，由個人經驗與對環境的了解所形成，利用的是潛意識的情境覺察。這件事做起來很自然，是你每天做各種決定時刻意為之的環節，譬如你該找誰問路，是威斯汀飯店前的門衛，還是窩在隔壁大樓出口處的男子？我應該走進這條暗巷，或是多走一點路，繞道去取車？對於這兩種情境，你心裡很清楚該選哪個。

威脅直覺是你的身體和潛意識對收到訊息的反應，這些訊息來自你所處的環境和目前的情境，它們告訴你事情不對勁。譬如用提款機領錢時，身後有個傢伙站得離你太近，或是某人與你眼神接觸太多次。不論是哪一種情境，威脅直覺永遠（我很少用「永遠」這個詞）告訴你兩項鐵一般的事實：

（1）如果威脅直覺冒出來，那是為了反應某件確已存在的事物。

（2）毫無例外，此時對你最有利的行動就是提高注意。

根據執法專家的說法，人們之所以淪為犯罪受害者，第一大原因就是不聽從自己的威脅直覺。從艾煦莉和我自己的故事所得到的教訓，我們知道大家經常對這樣的直覺充耳不聞，不然就是雖然聽到了卻不肯理會。

業餘人士的優勢

一般人大概會認為專業人士比別人佔優勢，可是我在寫這本書的期間做過研究，也訪談過相關人士，結果得到意外的結論，原來在傾聽和採納直覺這方面，恰恰與一般人的想法相反。以下是另一個故事。

伊拉克賈茲拉（Al Jazeera）沙漠

「法蘭克‧摩西」（Frank Moses）是中央情報局的高階準軍事特工，以前曾在全世界最頂尖的軍事單位服役。誠如他所解釋的，哪怕是像他一樣的專業人士，有時候將直覺化為實際行動也會令人膽戰心驚，即使一流高手也會漠視他們的第一號救命工具。

「我們在伊拉克西部的小型社區進行夜間突襲，找尋涉及恐怖活動的高價值目標。有一天晚上我們先搭直升機去第一個目標，掃蕩乾淨之後，再前往第二個目標，那是一處設有路障的建築物。」如果不是必要，法蘭克不想參與槍戰，於是便召來空襲軍力轟炸目標。他的三角洲部隊小隊長接到上級指示，前來掃蕩這棟建築，搜查可能有用的情報。「太陽快升起了，我指出目標還沒有完全摧毀，因為我放的炸藥有限，裡面恐怕還有壞人沒死。我曉得我

們不應該進去，所以我告訴小隊長：『我們需要再丟一顆炸彈進去。』」

然而他上面的小隊長不肯再等，兩人爭論之後，法蘭克態度軟化，小隊趕在天色更明亮之前移往目標建築，這一來小隊就喪失了最佳的戰術優勢──黑暗的掩護。過了幾分鐘，三角洲部隊的一位同袍被建築裡射出的機關槍子彈擊中腿部，傷勢嚴重。法蘭克呼叫兩架直接行動穿透機（Direct Action Penetrators，簡稱 DAPs，基本上就是全副武裝的黑鷹直升機），前來掩護他們撤退。一般來說，法蘭克會直接控制直升機空襲，不過此刻他自己陷在戰火之中，還要設法協助傷員。儘管如此，他說：「我的直覺在腦中叫囂示警，告訴我必須接下控制權。可是我對我的飛行員布萊德（Brad，主飛行員）很有信心，我很了解他，也多次在戰鬥中用他。所以我不顧自己的直覺，只說會讓他執行空襲任務，我不插手控制。」

第一架直升機靠近了，由布萊德控制，直升機對目標開火，敵方部分炮火被它壓制住。接著第二架直升機也來了，它的飛行員可能不完全了解目標，不然就是情境覺察不足，因為戰鬥中最糟糕的情況發生了。第二架直升機直接向友軍開火，當場殺死一名士兵，炸傷另外 5 個士兵。法蘭克說：「我一連兩次違背自己的直覺。第一次我開口

說出來，後來妥協了，第二次再度罔顧直覺，把控制權交到別人手中。」

此事過後，法蘭克每天都活在這場不幸事故的後果當中，由於他有「先見之明」，事後回憶更加慘痛。問題是，為什麼這兩次他都沒有聽從直覺採取行動？

即使法蘭克一連兩次「明知」事情不對勁，卻依然遲疑不前，因為他身為專業人士，若真的只憑第六感就中斷複雜的作戰行動，將很難向其他專業人士合理解釋原因。在第一次的情境中，法蘭克需要反駁上司的決定；對象若是其他專家以及我們共事並信任的人時，可能特別難以反駁對方。這麼做事屬破壞，而專業人士痛恨破壞，它強化一種迴圈陷阱，因為往往沒有證據支持你的行動，一旦戲劇化喊停……你的直覺是對的……結果當然就「什麼事也沒有發生」。那也是法蘭克犯的第二次錯誤。他信任飛行員布萊德，可是直覺告訴他，他需要做的是採取積極步驟，控制空襲行動。

即使是非專業人士，照樣容易忽視自己的直覺，因為它可能破壞你正在努力想要完成的事，也或許像艾煦莉

一樣，害怕對大門邊的陌生人失禮。這實在有點傻，因為此案的加害人喬依如果是無辜的，應該會了解艾煦莉不開門的顧慮。我們都和法蘭克半斤八兩，明明已經有不詳的直覺，依然白白錯過；這裡說的「我們」，也包括我自己在內。再問一遍那個問題：為什麼？

避免破壞事物的自然秩序或破壞別人，是極富人性的衝動，在潛在的威脅情境中，那樣的衝動可能使得聽從直覺特別困難。法蘭克的故事證明，這一點對專業人士而言甚至更加棘手。直覺可能害你破壞自己的慣例，有時更可能破壞你的目標，為了遵循直覺而採取的作為，也可能破壞其他人的好事。可是為了安全著想，寧可過於謹慎也不要冒險犯錯。

在墨西哥的那個星期天早上，我向當地人打招呼沒有得到回應，因此產生的那股奇怪感覺揮之不去。當我注意到的時候，心理上應該停頓下來；我沒有那麼做並不是好友傑特的錯，他根本沒有看見。我當時應該重視此事，那會改變事情後來的結果嗎？也許。傑特不太可能因為我的顧慮就取消飛行，不過我可能會選擇留在卡車上，這樣竊賊或許會打消主意，也可能和我起衝突。那夥偷車賊一共有 4 個人，也許帶了武器，這麼算起來結果恐怕有所不同，我的意思是恐怕會很糟糕。

　　此處的挑戰是如何將這條資訊派上用場。不能因為沒有發生事故，就證明一切都沒問題，你永遠不知道究竟是什麼事情沒有發生。既然如此，那我們又怎麼知道自己曾經非常接近受害，或曾在千鈞一髮之際逃過一劫？答案是不可能知道。正因為如此，你才必須了解為什麼要傾聽你的直覺，而且要把傾聽直覺當作每日生活的基礎，不管是不是看起來很傻氣或無關緊要。

　　將這個新觀點放在心上，我們現在回到一個沒有伊拉克沙漠或下加州半島那麼異域色彩的地方——來到距離我們比較近的情境。

傾聽

加州威尼斯海灘

　　珮悌（Patty）關上她的奧迪（Audi）轎車車門，走路回自己居住的安全門兩層樓公寓建築。她用鑰匙打開大門時，肩後忽然傳來聲音。

　　「妳能把門開著嗎？」說話的人又是喬依，十天前他才攻擊過艾煦莉。

　　珮悌身高 170 公分，只比艾煦莉高一點。此時她已經打開門走進裡面，聽到喬依的話後，她轉過身來面對喬依。珮悌不需要花太多時間琢磨該怎麼做，她的直覺出聲了。

「不行，抱歉，我不能。」

「我需要妳把門開著，我是來找朋友的。」

「真的很抱歉，我住在這裡的時間並不太長，我不認識別人，不能幫你。」

珮悌當著喬依的面關上大門，走向她位在一樓的公寓，把喬依留在門外。

「妳以為妳是誰啊？這樣很失禮誒。」

珮悌不予回應，也沒有走回去。喬依在她身後叫嚷：「妳這臭婊子！」

珮悌嚇得發抖，繼續走進她的公寓。等她走到自己的門口，看見喬依依然透過大門緊盯著她不放。終於安全回到公寓裡面，珮悌把東西放下，鎖上門，這才鬆了一口氣。

甩掉剛剛對峙的不快，珮悌熱了一些外賣餐點的剩菜，看看電視，然後上床睡覺。睡到一半，她忽然被窗戶邊傳來的聲響驚醒。珮悌從驚嚇轉為警覺──她的求生本能發揮作用了──她把窗簾拉開來關窗子，這扇窗子對著公寓外側，因為是一樓，外面就是街道。珮悌赫然發現喬依企圖推開窗戶，先前她留著一條窗縫通風，讓新鮮空氣流進來減緩暑熱。此刻喬依想要爬進房間，正好和珮悌面對面，因此珮悌將這個企圖強暴犯的樣子看得一清二楚。

　　兩人在玻璃窗邊打了起來，珮悌放聲尖叫，卯足全力阻止喬依把窗戶拉開，始終沒有鬆手，她再次尖叫：「出去！」令珮悌意外的是，喬依放棄了，在街燈下逃之夭夭。

　　珮悌做了正確的事：報警（這一點我們會在「原則六：兩個R」那一章進一步討論）。史妲絲基刑警來了，珮悌陳述她的故事，更關鍵的是詳細描述喬依的樣子。現在史妲絲基可以開始將關於喬依的細節串在一起：他特別青睞威尼斯海灘、嬌小的金髮女郎、有安全門的公寓建築，而且裡面的公寓有正對街道的窗戶，便於他闖入（這部分我會在「工具一：有備無患」那一章說明）。此外還有一點很清楚，喬依的攻擊不是基於臨時發現有機可趁，而是經過觀察甚或跟蹤才鎖定目標，艾煦莉和珮悌都是如此，因為她們的公寓都位於一樓，窗戶朝外，也沒有同居男友或室友，她們都把車子停在街上，這樣喬依就可以跟蹤對方，或是先去她們公寓的大門外守候。建築物大門是瓶頸點──潛在目標必須通過此處──因此對狩獵者十分有利。如果拿非洲坦尚尼亞的塞倫蓋提（Serengeti）國家公園做比喻，公寓大門就好比莽原裡的飲水坑，狩獵者到這裡來就能找到可以捕食的動物。

　　不同的是，珮悌傾聽她心裡的直覺，早在喬依企圖爬進她朝外面開的窗戶之前，這項直覺很可能已經救過她，

使她免於遭到強暴，因為珮悌拒絕讓喬依進入公寓建築，這樣他就無法從內部攻擊珮悌。還有，她告訴史妲絲基的話，正是刑警期待聽到的消息。

「即使在他罵我婊子之前，我也覺得他怪怪的。他讓我感到『毛骨悚然』。」珮悌的意思是她真的認為喬依鬼鬼祟祟。

很多人在面對帶有威脅的潛在危險情境時罔顧自己的直覺，箇中原因正好吻合珮悌與喬依的第一次接觸：不想被對方認為自己失禮。正因為如此，在珮悌一開始拒絕讓喬依進門之後，喬依本能的利用失禮作為誘騙珮悌開門的手段。誠如艾煦莉說的：「我不想被罵賤人」，這純粹是性別歧視，也是帶有貶低意味的社會期望，尤其是針對女性，一般人認定她們該對陌生人有禮貌。

所幸珮悌聽從她的直覺，她解釋說，自己的直覺比不想失禮更強烈，另外她也覺得讓喬依進門會對不起鄰居。兩項直覺來自人類的社會本性，可是只有一種選擇對保障安全是正確的。在此我還要主張，這項選擇其實從社會的角度而言也是正確的。珮悌確實對鄰居負有社會忠誠（social loyalty）的義務，但是她不欠陌生人同樣的忠誠。更甚者，假如喬依真的是來找朋友的，在珮悌拒絕替他開門之後，他大可聯繫自己的朋友。後來喬依哄騙未遂，惱

羞成怒破口大罵羞辱珮悌，證明她先前的疑慮是對的。

　　讀者（尤其是女性讀者）應該要明白，失禮和賤人這兩個詞沒有那麼了不起，當妳的人身安全受到威脅時，根本就不應該列入考慮。哪怕喬依沒有打算施暴，他的措辭和行為也是錯誤的，任何有理性的人想要進入別人的社區，若是遭到拒絕，都應該能接受，這也是可以接受的集體社會行為。

　　儘管如此，人們（特別是女性）不希望被看作賤人或失禮的人，而且女性還想要避免被視為犯下第三種社會罪行，那就是被別人指責「傻氣」。在我的經驗裡，這些都不是妳讓自己身陷危險的正當理由，假如有個男人彬彬有禮撐開門，請妳走進一個沒有窗戶的封閉鐵箱（電梯），妳感到毛骨悚然，而妳的直覺也告訴妳千萬別這麼做，那麼拒絕對方的邀請絕不是失禮。如果對方是好人，他不會放在心上，但就算他認為自己是好人，也可能對拒絕產生負面反應，但無論如何都不可羞辱情境中的女性。女性每天都需要應付社會評價、男性高高在上的態度，還有常見的雙重標準，這可能很困難，我也絕不會自以為完全了解而侮辱女性。可是我了解一點：碰到有礙人身安全的社會評價，如果妳的直覺警鈴大作，這時候就不要理會別人的看法和反應是什麼，這一點非常重要。妳要記住問題關

鍵：決定權和力量都在妳手裡，所以如果電梯裡的男子不了解，妳真的應該在乎嗎？不應該，或者妳至少要嘗試不要在乎。

　　同樣的道理也適用於走暗路去停車場，妳感到害怕，或者查覺到任何不對勁，這時候開口請求認識的人陪妳一起走去取車，或陪妳一起等候別人來接妳，都不是傻氣的做法。就像上面提到的社會評價，假如你開口之後別人的反應是愛理不理或漠不關心，我相信妳會感到很挫折，不過為了安全起見，我鼓勵妳還是要開口求助。傾聽妳的內在聲音，就像珮悌所做的，艾煦莉和法蘭克當初就應該這麼做，我自己同樣也應該如此。這一點我會在本書中一而再、再而三的強調。

　　我對直覺的力量深信不疑，所以在此我想納入一個有關於直覺力量的來源，它並不傳統，看似毫不相干，也與強暴犯或個人安全無關。特娜（Kelly Turner）博士是哈佛大學畢業的腫瘤研究學者，她在著作《癌症完全緩解的九種力量》（*Radical Remission*）中探索與分享癌症病患打敗疾病的故事，這些病患的共通點是不聽專家的話。在長達十年的研究期間，特娜訪談世界各地的癌症倖存者，他們扭轉逆勢的原因，正是聽從自己的直覺，即使是面對醫學專業人士的高度抗拒也不例外，其中又以西醫的醫生

最不能接受病人的直覺。這項研究真讓人耳目一新。

　　特娜談到研究初期的情況：「我記得大概是在採訪第五個癌症倖存者的時候，我心想：『又來了！』」直覺變成「我研究的對象中，癌症完全緩解的九種最常見的因素之一。」特娜博士迅即指出，直覺不能取代西醫（或任何其他正統醫學），她只是相信傾聽內在聲音存在空間和正當性，而且效果確實可能很驚人。

　　這項研究引起我的共鳴，它直指人們的直覺威力強大，還有這些人之所以聽從直覺，正因為他們面臨生死存亡的威脅。在我看來，這也可以視為個人安全的一種型態。也許因為這種情境具有威脅生命的本質，病患的內在聲音（直覺）才能夠不顧一切——也就是壓力之下我們常感受到的抗拒，也許來自醫生，也許來自陌生——放膽去做並非對我們最有利的事。我無意中傷醫藥專業人士，特娜博士也沒有這個意思。反之，我的重點是如何與至為深刻的直覺產生連結，俾於拯救你的性命，當然前提是你要選擇做這樣的連結，並且真心聆聽。

輕蔑與肢體語言

　　判斷別人是否心存加害意圖時，有兩種跡象可以輕鬆幫助我們探知，而且這些跡象根本無法隱藏。乍看之下，

它們可能最適合歸類為情境覺察的一部分，可是因為它們是某些無形物質（意圖）的傳遞者，我相信它們實際上是點亮直覺的燃料。第一種跡象是輕蔑，它是人類的情緒。當我們心裡懷著輕蔑時，從外表看簡直就像賭城那些炫麗的七彩霓虹廣告燈，任何人都能讀懂你的心思，因為我們蔑視某人或某件事物時，臉上的線條會不由自主的昭告「你比不上我。你不是人類。我代表人類拒絕你。」我們透過看待人的方式表現輕蔑，從眼睛和嘴巴都看得出來。

碰到蔑視你的人時，他們的眼神無光，或說是「死氣沉沉」，因為他們就是這樣看你的；想像鯊魚的眼睛，就是那樣。如果你不想從對方的眼神得到線索，或是不想和他們目光接觸，還有另一個面部「表情」，那就是嘴巴。蔑視者多半會冷笑，因為臉上的表情只有在表示輕蔑時是不對稱的，一邊的嘴角會往後扯或向上提起，有時兩者同時出現，輕蔑程度越高，冷笑的幅度就越大。

歹徒往往會對你微笑，想要卸下你的心防，爭取你的信任，他們這麼做也許是有意識，也有可能無意識。不論他們心裡怎麼算計，發出這種微笑的潛意識理由都是為了掩飾心底的輕蔑。所幸嘴巴可以透露真相，因為在緊張的狀態下，例如即將與被害者面對面接觸，或是準備發動攻擊時，歹徒會不由自主的冷笑。那一刻你就知道不能信

任對方——你的「腸子直覺」也知道。

消極輕蔑和積極輕蔑之間是有差別的。看到自己覺得低俗的東西或事件的圖像，你很可能私下感到消極輕蔑，或者你覺得打交道的人侮辱你或侮辱你的家人，這時也會有消極輕蔑的感覺。假如你能在心裡想像使你感到消極輕蔑的情境或人物，不妨注意你想像的當下臉部出現什麼反應，實際上你真的能感到臉部變化，因為嘴巴一側的臉頰肌肉向後拉扯而感到緊繃。大多數人都是扯動右側，和個人的大腦邊緣系統是同一側。

我這裡指的不是像電影《法櫃奇兵》（*Raiders of the Lost Ark*）裡的主角印第安納・瓊斯（Indiana Jones）那種扯著一邊嘴角的無賴笑法。話又說回來，我想點出那部電影裡的一幕：瓊斯與失聯已久的戀人瑪麗安（Marion）重逢時，瓊斯表達輕蔑，洩露他「讓人尊敬不起來」的性格。瓊斯企圖說服瑪麗安為他做一件事，他對瑪莉安說：「相信我。」他這麼說的時候，銀幕上的瓊斯和扮演他的男演員哈里遜・福特（Harrison Ford）都把冷笑的表情演得淋漓盡致。瑪莉安開的西藏酒吧裡火爐的熊熊火焰在夜裡散放光輝，點亮瓊斯臉上浮現的冷笑，那一刻我們都曉得他是個無賴，千萬不能信任。（至於後來他單槍匹馬打敗納粹，拯救瑪麗安和法櫃，嗯，他畢竟是印第安納・瓊

斯嘛……）觀眾眼睜睜看他吐出「相信我」這句話，恨不得對著銀幕大喊：「別相信他，瑪麗安！」呃，至少我自己很想那麼喊。

　　我們在軍隊中刻意不把敵人當人看，這也是一種輕蔑──積極輕蔑。很可能早在遠古，人類開始揮舞大腿骨當作武器時，就已經形成了，它的道理很簡單──積極輕蔑使得殺戮和殘害變得比較容易。如果你殺害的對象不如你，或者說是低於人類，那麼你就沒有泯滅自己的人性，相反的，你是藉由消滅異己提供服務。所有軍隊都是這麼幹的，而所有戰爭也都有這種行為，有時候會造成種族主義和種族滅絕的後果。為了阻止飢荒，穩定更多老百姓的生活，我在索馬利亞和當地武裝民兵戰鬥，我們的使命絕對是人道努力，背後有聯合國和一些機構的支持，譬如國際紅十字會和美國國際開發總署（USAID，是美國政府旗下負責外國援助與發展的機構）。然而當我們實際作戰時，對手並非老百姓，而是「皮包骨」（skinnies，因為索馬利亞人體格極為瘦削）。我很想說自己已經對這種心理制約免疫了，可惜並沒有，至少一開始並沒有。照道理

説，把對方想成「皮包骨」，就比較容易對他們開槍。但是基於難以解釋的原因，這一套對我不管用，也許是因為我發現索馬利亞人擁有美好、動人的文化，我喜歡他們；也有可能是因為那個區域，它和我過去作戰過的所有地方一樣荒僻，可是卻特別吸引我，因為我的老家就在美國西部的沙漠。

說到這兒，話又離題了。瞄準「皮包骨」，就比較容易對他們痛下殺手，因為就某種程度來說，他們被剝離「人」的身分。這種心理機制之所以有效，在於把「我們」擺在尊貴的高度，而「其他人」的位置都低於我們——換句話說，就是積極輕蔑的態度。你不需要經歷過戰爭（我也希望你永遠不會遭遇戰爭），就能看出這麼做的理由；理由很簡單，因為它放諸四海皆準，並且很有效。

想要傷害你或偷竊你東西的罪犯，也不把你當人看。 這一點在性掠奪者身上更是明顯，他們將被害者（不論是什麼性別、種族或人口變項）當作物品，只是用來滿足自己失去的某樣東西、令自己精神快活、暫時感受權力的滋味，或是想要證明自己。喬依辱罵珮悌就是典型的做法，也揭示他內心的想法；在表面之下，喬依早就懷著鄙視和輕蔑，只消一句禮貌的拒絕，就激發他破口大罵「妳這臭婊子！」

　　柬埔寨暴君波布（Pol Pot）將輕蔑心理演繹到極致。
1970 年代末期，他殘殺了 200 萬同胞（將近該國四分之
一人口），全然不考慮個體之間的差異。納粹正是利用這
種伎倆，說服整個德國犯下人類史上最凶殘的罪行，以大
規模滅絕的手段對付一個出眾的文化，亦即後世所稱的
「大屠殺」。透過歷史的透鏡來看，我們很痛苦的明白一
件事：將輕蔑的概念（包括消極和積極輕蔑）化為逞凶作
惡的手段，竟然那麼有效，甚至很容易就能成功。

　　還有第二個跡象可以幫助激發你的直覺，那就是肢
體語言。**企圖傷害你或搶奪你財物的人，會擺出掠奪的姿
勢**，當他們想要掩飾犯罪意圖時，很難控制住不露餡，因
為他們的身體正在為「或戰或逃」氣氛升高的情境做準
備。以下是幾個比較容易辨識的身體姿態，你不必深究對
方的臉部表情就能判斷，而且男女都適用：
　　（1）握緊拳頭。
　　（2）手臂彎曲，肩膀聳高或弓起。
　　（3）身體朝目標對象的方向傾。
　　（4）下顎緊繃。

（5）眼神直接對視，久久不放鬆。

辨認輕蔑和掠奪的肢體語言並不困難，我相信你自己在生活中也曾經碰到過、辨認過，這些跡象（以及你發現的許多其他跡象）在潛意識中塑造你的直覺，即使你辨識不出來，你的身體和潛意識卻做得到。對你來說，最重要的是知道這件事：一旦這些跡象真的出現時，當下辨認出來可以救你一命。撇開個人安全不論，辨認這些跡象還可以發現某人與你的私人關係如何。一個人如果心裡對別人帶著輕蔑，而且外在表現出來，那麼這段關係必然不健康，而且很可能終將消滅。隨著你花越來越多時間關心個人安全，並跟著本書做練習，你會發現經過長時間的反覆推敲，辨認上述跡象越來越容易，對你生活中的其他領域也將有極大貢獻。記住：不對稱的笑臉絕對是對方露出馬腳的信號。

直覺練習

你可能不認為情境覺察那一章的練習方式適合用來練習直覺，其實並不然。利用直覺非常容易，程度會令人吃驚；由於不需要每天依賴直覺才能活到第二天，所以你多半沒有使用直覺的習慣。話雖如此，開始刻意激發直覺可能蠻困難的，因為直覺只在需要時才會引起你的注意，

從務實的角度來說，我們無法隨意製造直覺。

　　因此關鍵在於直覺出現的時候要善加利用。先從下面這個印象與感覺的清單著手，讓它們扮演指標的角色，指示某件事情（或是任何事情）出了狀況。（請注意，它不見得是好事或壞事，應該視發生這件事情的整體情境而論。）我鼓勵你把這張清單列印出來、拿紙筆記下來，或是存在你的手機裡。

直覺線索

　　（1）對某人或某事的第六感。

　　（2）對某事即將發生的直覺。

　　（3）懷疑某人的企圖或誠實與否。

　　（4）對某事「出錯了」的感覺。

　　（5）對做某事、買某物或同意某件事感到疑慮。

　　（6）在事件發生前後，心中油然生出徘徊不去的感覺。

　　（7）焦慮。習慣性焦慮或不樂意做討厭事情的焦慮不在此列。同理，假如你本來就是容易焦慮的人，就不要將焦慮視為直覺的指標。這裡說的焦慮是某樣東西使你的焦慮感大增，遠超過平常的程度。

　　（8）對某事生出黑色幽默或嗤之以鼻的玩笑心態。

如果你覺得某件事物危險或有風險，值得取笑一番，那就應該好好傾聽。

（9）對某事或某人產生裹足不前的心理。

（10）恐懼。

（11）堅信某事或某人是「對的」或「好的」。

（12）知道自己在做對的事，或是自己處在對的關係中，但是缺乏外在證據確認，甚至可能牴觸別人的意見。（請參考前文提到的《癌症完全緩解的九種力量》）。

當你碰到這些直覺線索時，想想看為什麼自己會有這些感覺。你的想法也許沒有任何牢靠的支持佐證，但是沒有關係，直覺本來就不能夠量化，也不能測量。在此我想做的是重新啟動你自己的演化安全開關，接近你內在沉寂的穴居人。

練習 1：評估如何判斷朋友及影響別人

我要你僅憑上述的一條（或多條線索），就產生對某人的強烈印象。挑一個逐漸變得對你很重要的人、讓你失望的人，或是演變成棘手問題的人。你能回想起對他的第一印象是什麼嗎？如果你選擇的人屬於遙遠的過去，實在難以回憶，那就改挑一個相處時間比較接近的人試試。記住，你只能使用第一印象。工作場所通常是適合這個練

習的好地方，旅行也是。將你的想法寫下來，確實的做，
不要跳過這個步驟。

你的那些印象和後來發生的實際事件（叫你失望、
變成棘手問題等等）吻合嗎？你的印象是否符合那個人的
性格或意圖？現在你對自己的直覺能力是不是感到比較有
信心了，抑或沒有作用？花一些時間思考這個，不要把它
當作一次性的練習。「原則二」的三項練習當中，第一項
給予最多訊息，所以你應該時時回來複習，把這項練習用
在其他人身上。必要的話把這一頁摺起來做記號，並且將
上面的線索清單放在你手邊，以便隨時可以取用。

練習 2：飛機、火車、汽車（和購物商場）

這項練習進行的地點，是你搭乘的交通工具，或是
四周有群眾環繞的公共場所。你可以從下列這些環境中選
擇：

（1）搭乘地鐵、公車、火車等大眾交通工具，或是
機場出租車、旅館接送巴士等等。

（2）在大賣場之類的購物中心走動，或是擁擠的廣

場、公共海灘等。

（3）在比較小型的賣場走道閒逛，例如賣家用品的家德寶（Home Depot）、賣辦公用品的歐迪辦公（Office Depot），或是獨立零售中心，它們讓你有機會觀察更廣闊的社會橫斷面，包括你自己的生活圈，或只是你不經意發現的某個地方。

現在，挑一個人，最好是具有上述線索清單指出的某項特質而且落單的人，而不是兩個人以上的群體。嘗試在店裡和對方不期而遇，一會兒在這裡，一會兒在那裡。不要靠太近，你可不是在跟蹤對方，也不要想太多，只要自自然然的照面就行。以下是這個練習所提的問題：

（1）對方給你什麼感覺？

（2）你會開口請對方開車載你一程嗎？你車子的蓄電池沒電時，會請對方用他的車幫你搭電啟動（jump start）嗎？

（3）你想和這個人建立私交或工作往來嗎？

（4）對方是善良的人，還是殘酷的人？

記住，這些都是印象，你不必計算，也不必找理由，只要用直覺觀察。等你離對方遠一點以後，立刻做筆記，不是記在心裡，而是真正記錄下來。對方的哪些方面令你對他產生異樣感覺？在清單上加入你想要添加的任何字

句,詳細敘述或基本補充都行。你寫下來的東西甚至可能
看似謬誤或無稽,通常那樣反而是最好的,因為它直接來
自你的潛意識,也就是老祖宗跨越千年傳來的聲音。

思考你的答案和你選擇的人。多做幾次。未來也要
時常回來做這項練習。

練習 3:神祕的披薩

做這項練習時,你需要找一家披薩餐廳(或是任何
餐廳),其實旅館大廳也可以,還可以嘗試在公園裡進
行,但無論如何,都需要是一個定點。這次也請你挑選一
個落單的人,條件是對方看起來大概會在一個地點逗留得
夠久,好讓你能花 15 分鐘到 20 分鐘研究他。不要盯著
人家不放,以免嚇走對方,同時也不要喝酒或服用讓人精
神恍惚的藥物,這些東西會讓你的感官遲鈍。一旦選定對
象,嘗試揣測他背後的故事:他為什麼出現在這裡?他的
衣著透露什麼關於他這個人的事?他的肢體語言又告訴你
什麼?他緊張嗎?彎腰駝背嗎?還是把身體往後傾,彷彿
他是這裡的主人?

我不想丟給你一長串清單,這項練習的目標是促使
你傾聽自己,而不是聽外面的人或專家的話(你甚至不該
聽我的話,儘管我是帶領你走這趟旅程的可靠引導人。)

和第二項練習相比，你有比較多時間可以考慮這個對象，所以你要思考他是誰：

（1）他有什麼故事？他的背景如何？是什麼教育程度？

（2）他的穿著如何？是追求成功的打扮？想給人留下好印象的穿著風格？還是其他？

（3）他散發什麼氣息？朝氣蓬勃還是消極頹唐？或只是無聲無息待在那裡？如果是後者，那就換一個人選，你想要的是更有意思的觀察對象。

（4）你願意和這個人約會嗎？

（5）你願意雇用他當自己孩子的保母嗎？

和前面的練習一樣，將他的特質寫下來，列出一張清單，不要只記在心裡。用文字書寫能提高你的覺察程度，因此你寫下的重要筆記和最鮮明的印象可以排到你清單的頂端。現在，好玩的來了：如果此時你身旁有同伴，你們可以討論目標對象。嘗試和同伴交換各自揣度的故事，這麼做的時候，你會發現必須深入思考，自己為什麼願意或不願意和那個人合夥創業，為什麼願意或不願意和他結婚。最後，我要你用簡單幾個字對這個人做個總結，不能超過六個字。他可能就是你揣度的這種人，無關他生活的細節，而是關於他平常行事的方法，以及他待人接物的態度。

　　然後你就會曉得，自己正在推敲的線索是正確的。
你要信任它、相信它。

加強你的直覺

　　如果你真的想加強自己直覺的力量，就需要大幅進
步，超越前面講的這些步驟；光是檢討上述清單（清單本
身不夠廣泛，因為你可以天馬行空描述與你直覺有關的感
覺）、閱讀本書、做練習、思考幾回，仍然遠遠不夠。然
而你也不應該走到另一個極端，走火入魔的追索每個微不
足道的線索，那麼做同樣無法創造所欲的洞見。我建議你
把直覺線索的清單和練習題存在手機裡，而且要放在顯著
的地方，譬如主畫面上，隨時都看得見；時不時查看線索
清單（不要總是看臉書、IG 和推特），這樣你才會更熟
悉它的內容。

　　任何時候清單上提到的跡象出現在你眼前時，想想
書裡的手掌符號，然後……停下來。

　　你馬上想起這個符號，然後選擇聽從「腸子感覺」
或「女性直覺」告訴你的話。過後你要思量那個情境是怎

麼發展的，還要比較你的直覺和該情境實際的結果——這
就是為什麼你在經歷事件的當下應該寫下自己的印象，這
實在太重要了。唯有長時間反覆練習，你才能夠有意識的
改進自己與直覺的關係。

美國猶他州瓦薩奇山脈

　　一個美麗的春日早晨，我和幾個朋友爬到 450 呎高
的懸岩，目標是一處低空跳傘的起跳點，此地名叫「回聲」
（Echo）。懸崖上吹著一陣一陣強風，有時在這裡，有
時在那裡，強風斷斷續續，一直沒有停歇。就在準備爬最
後一段斜坡（最後 150 呎）時，我們停了下來；面前正
對的懸崖有 30 呎裸露的險要山壁，一旦越過去，回程下
山時會非常危險，所以大家看到這個地點自然停下步伐。
就在我們打算繼續往上爬時，我在那裡站了 1 分鐘，強
風繼續斷斷續續地吹，不足以強迫我們下山，卻足以讓我
們玩起「猜強風」（spot the gust）的遊戲。猜強風的意
思是抓住強風暫停的空檔以便起跳，因為低空跳傘者最怕
的，就是從懸崖往下跳的那一刻被突如其來的強風吹走，
接著又被風摜摔在懸崖上，最後必定摔死。玩低空降落傘
時，從起跳、下降、張傘、達到與懸崖之間的安全距離，
這一段空窗時間大約是 15 秒鐘。我自己就玩過很多次猜

強風。

我忽然有一種很奇怪的感覺。在此必須說明,當你從 450 呎的高處往下眺望腳下嶙峋怪石與其上開闊的空間,奇怪的感覺、焦慮、腎上腺素奔流這三樣都會跟著來報到,而這些狀況都會引發懼高症。

雖然同伴們態度積極、精力旺盛(低空跳傘玩家精力之旺盛堪稱惡名昭彰),安全跳傘機會頗大,而我也很渴望跳傘,但是某個東西依然令我遲疑。情況不對勁。我對瓦薩奇山脈(Wasatch Mountains)瞭若指掌,甚至曾在某處懸岩腳下蓋過一間房子,以便能每天早上玩低空跳傘。猜強風是這個環境下很自然的一部分,並不是問題,讓我不安的是別的東西。

我向同伴宣布自己要下山去(不是跳傘下去),最後說:「我會帶著啤酒在卡車那邊和你們會合。」掉頭下山時,有兩個人也跟著我走,餘下的兩人繼續爬上最後一段斜坡,然後起跳。這件事究竟怎麼收場的?有哪一個跳傘的人撞上崖壁而受傷或罹難嗎?沒有,什麼事也沒發生,這就是我要說的重點。這趟上山的人都平安無事,不過其中兩人玩得比較開心。我有後悔沒跳傘嗎?也沒有,我的經驗已經夠成熟,不會質疑我自己的判斷。我選擇不跳傘是基於某種無形的印象打動我,很難解釋。後來我又做過

很多次臨時不跳傘的決定，也有很多次臨時決定要跳，做與不做都是好主意。

關於直覺，世上沒有萬無一失的方法，也沒有書籍（包括本書）可提供公式化的結果，讓你能夠仰仗，至少我沒見過。可是身為一個直覺感強烈的人，我可以很有把握地說，我深信自己的直覺。你也可以。

滿懷自信放手去做

我提出「原則二」的用意是讓讀者了解什麼是直覺，什麼不是直覺。當你親身體驗時，就會辨別出直覺，最終學會善用直覺、提升直覺。最關鍵的是，你越是接觸、辨識、應用自己的直覺，你的直覺就會變得越寶貴。從這點而論，直覺和其他任何心理技能、心理肌肉，或是透過學習得到的專精能力並無不同。在你練習如何確保個人安全時，必須納入直覺這個不可或缺的元素。直覺會不會百分之百正確？不會。可是話又說回來，生活中有哪一件事是百分之百正確的？進一步說，當你與自己的直覺達到同步時，就非常接近正確了。

如果不仰賴自己的直覺提供訊息，你的選擇就只限於依賴外在因素（包括潛在的歹徒），只能靠它們決定你的人生去向（永遠記住：禮貌絕非忽視或凌駕你直覺的藉

口）。沒有任何撲克牌玩家、低空跳傘人員、特種作戰官兵或間諜會那麼做，你也不應該漠視直覺。

假如你夠自信，行動就會比較快速、比較果決，兩者都會帶來更好的結果（我們會在「原則五：果斷行動」那一章詳細討論）。講到個人安全的基礎，情境覺察後面就是直覺，有人認為直覺更重要，就像特娜博士說的：「重新認識我們『遺失』的這種感覺，已經不再令我驚訝，反而覺得很刺激，它有能力幫助我們遠離危險，步入復原之路。」

現在我們即將離開個人安全基礎這個主題，也就是情境覺察和直覺，前往更傾向行動的原則，此時你應該懷抱自信，因為你已經能夠傾聽關鍵的內在聲音。我告訴你，碰到絕對必要的情境，你已經可以自然反應。支持我這項評估的，是歷經 100 萬年的演化成功，以及你自己內在的個人求生機制。你要相信直覺，它不會讓你失望。

第二部
準備

　　注意那些迎接你目光的人。如果你注意到對方，要在心裡記下他們異於常人的地方，這樣會比較容易記住對方。假如你正在行走，卻瞧見對方兩次以上，那就是奇怪的徵兆。

Prepare

判斷自己
是否遇到問題

科威特，科威特市

　　維多莉亞（Victoria）關上車門，拉了拉袖子，確保
手掌以上的皮膚全都遮好了，這才出發前往鄰近的露天市
場買東西，她好不容易才休這麼一天假。雖然維多莉亞總
算有了一點迫切需要的休息時間，心裡仍然感到暴躁，因
為在這個伊斯蘭國家裡，女性必須穿長袖、長褲，而位於
波斯灣頂端的這個地方，9 月的天氣像地獄一般酷熱。維
多莉亞選擇穿比較傳統的服飾，和當地人沒有兩樣，這樣
就能輕易打入人群，因為在科威特這個酋長國裡，絕大多
數人會錯將她當作黎巴嫩人，這對她很方便，於是將錯就

錯，好幾次出任務都善用這一點。維多莉亞的黎巴嫩人長相其實來自猶太血統，假如科威特人曉得這一點，也曉得她是美國公民，恐怕猶太血統會比美國人的身分更讓她不受歡迎。

在喧嚷的穆斯林城市裡，很少女性會獨自在街頭行走，可是維多莉亞本人就是「例外」的化身，她說：「我在紐約的猶太家庭中長大，常常為芝麻綠豆大的事情爭吵。」7 歲時她對祖母宣稱自己將來要當獸醫，祖母立刻駁回，直到今天維多莉亞還清清楚楚記得祖母的話：「噢我的天哪，他們根本不算真正的醫生，他們的房子臭死了。妳不能找更好的事做嗎？」不過她很快又換了一個志願，偷偷盼望成為迷人的國際刑警組織探員，因為她以為這個工作是幫世界公民打擊國際罪犯。

維多莉亞一直都知道她想要離開紐約，掙脫家庭的管制。她也曉得自己要上大學，雖然祖父母會答應幫她出學費，她並不打算聽從他們的意思。就在這時候，她發現美國陸軍有個儲備軍官訓練團（Reserve Officers' Training Corps）計畫，簡稱 ROTC。維多莉亞向來都是功課優秀的學生，她獲得紐奧良市（New Orleans）杜蘭大學（Tulane University）的全額獎學金，便收拾好要去上學了，她母親在臨別時還是忍不住說：「妳去陸軍要做什麼？

陸軍裡沒有猶太男孩。」這時候維多莉亞已經把志向轉移到聯邦調查局（FBI），她曉得軍隊會容許她進法學院，假如她想在政府工作，就會需要這個資歷。沒想到後來維多莉亞沒有進聯邦調查局，反而在陸軍服役 4 年之後，努力考進了中央情報局（CIA）。她在中央情報局的祕密基地「農場」（The Farm），參加為期六個月的密集訓練課程，之後以商務人士的身分作掩護，成為美國在國際執行特務活動的間諜，這是她實現逃離紐約優渥生活的夢想工作。

　　一走出車外，問題就開始了。維多莉亞選擇不戴頭巾，因為大熱天戴頭巾令她憤憤不平，何況黎巴嫩婦女本來就很隨興，戴不戴頭巾都無妨。不過少了頭巾看起來不夠地道，因為維多莉亞平常會避免化妝，而黎巴嫩女性喜愛濃妝卻是出了名的──「我化的妝遠遠不及黎巴嫩婦女濃豔，街上的人都能看出差別。」

　　在往市場的路上，維多莉亞經過一堵低矮的泥磚牆，就開始出現狀況。三個遊手好閒的科威特年輕男子正在附近徘徊，這是科威特市相當常見的景象，他們開始對著維多莉亞發出不以為然的嘖嘖聲。「我是在紐約市長大的，早就習慣男人的噓聲，不過這個不一樣，不是『嘿，寶貝兒』那種調笑，比較像是在召喚小狗，但又不想要你過去。

他們只是想讓我知道，他們很清楚我不是黎巴嫩人，因為黎巴嫩女子不會被攔住。」

維多莉亞繼續不疾不徐地往前走，然後她聽見那些年輕人站起來跟著她走向市場的入口。會不會是巧合？「當然可能，」不過假設湊巧沒有意義，「相信巧合是一種虛假的安慰。」於是維多莉亞走進大片散亂的露天市場之後，馬上向右轉，那三個男人照做；她走過兩條小巷後左轉，他們也跟著左轉。[3]

維多莉亞碰到問題了，更重要的是她「知道」自己碰到問題了。她因為身分和長相而被盯上，這和任何潛在犯罪的被害人被挑中的理由並沒有兩樣。你不必是中央情報局探員，不須向軍火商採購核分裂原料，不必在外國破壞恐怖組織，也會招徠惡意的注意。像維多莉亞這種受過訓練的專業人士人來說，重要的是知道自己已經成了別人的目標；這一點對不是專業人士的你來說，同樣無比重要。

如何確定自己是不是成為別人的目標，就是「原則三」這一章的宗旨。你要利用在「情境覺察」和「直覺」

---

3 關於群體有一點值得注意：全部由男性組成的群體，比男女都有的群體更可能造成問題。至於全部由女性組成的群體，一般都可視為無害。如果群體中有一部分成員是幼兒，那你絕對不會碰到問題。

那兩章學到的知識，評估你的情境，判定是否有真正或潛在的威脅。情境覺察和直覺是很廣泛的主題，不過從這一章開始，我們會在討論接下來的原則時，把焦點放在真正問題出現的時候，以及你需要如何因應。

第一步是評估你的情境，以判定是不是有威脅，或至少有潛在的威脅。如果沒有，那很簡單，你就繼續像平常一樣過日子。維多莉亞使用簡單的監視偵測路徑（Surveillance Detection Route，簡稱 SDR），以確認自己碰到問題。我們過一會兒還會進一步說明，等你讀完本章，就可以拿自己新學會的祕密特種作戰技巧，讓你的朋友目瞪口呆。你閱讀書籍的時候，從來沒想過有朝一日會當個祕密情報員吧？不過在進入那個部分之前，我們先來談談猿類的某種特性，其實人類也不惶多讓。

人類，一切麻煩的根源
（除非你是黑猩猩）

人類是暴力的，男人又比女人暴力，這點從絕大多數打配偶的案件都由男人所犯，就可以證明。有些社會的男性暴力比較嚴重，其他社會則比較輕微。在崇尚家長地位的社會中，暴力似乎是常態，這點倒是不讓人意外。蘭漢姆（Richard Wrangham）與彼得森（Dale Peterson）合

寫了一本書，除了書名有點難聽，內容倒是引人入勝，很有見地。這本書叫做《惡魔般的雄性：猿類與人類暴力的起源》（*Demonic Males: Apes and the Origins of Human Violence*），兩位作者用科學來解釋書名所指出的論點，他們把人類看成人科（great apes，又稱猩猩科）動物底下的一個物種來研究，主張一般而言，人類和黑猩猩相似的程度，更甚於黑猩猩與大猩猩的相似程度，因而暴力產生明顯類似的結果。黑猩猩經常互毆，尤其喜歡對自家緊密結構之外的群體暴力相向。雄性黑猩猩無情操控雌性，常常故意針對雌性施暴，不過最極端的暴力行徑都留給不屬於牠們社會的「外人」。這類暴力行徑包括謀殺和強暴，以及發動有組織的戰爭。黑猩猩的暴力行為毫不含糊，蘭漢姆與彼得森的結論是，人類不僅延續黑猩猩的這種特性，而且是終極實踐者，因為腦容量增加、智商提高，暴力行徑更是變本加厲，如果透過達爾文的觀點來看，人類淪為「500 萬年連續不斷的致命攻擊習慣下茫然的倖存者」。

人類歷史充斥暴力（特別是男性暴力）的例子，當大量人民區分「我族」與「他族」時，更容易武力相向。我們先前討論過，軍人受訓時學習去人類化的思想，就比較容易殺戮，指的就是這種區分異己的心理。正因為如此，在國外或是擁擠的城市中，施暴目標往往是陌生人，因為

他們和本地人的差異很容易區分出來。儘管如此，暴力受害者不限於陌生人，我們得多花一些唇舌才能夠解釋為何家庭裡許多攻擊是熟人所為，雙方甚至關係親密。看來我們都是黑猩猩。

　　除了避開猿類社會之外，這對你有什麼意義？答案很簡單：人類其實很危險，以至於你這輩子若是遭到暴力攻擊（包括把被狗咬的變數也加進去），幾乎能肯定行凶者必是人類，而且攻擊者也非男性莫屬。

判斷自己是否已被盯上

　　我們暫時把人類暴力相向的本性放在一邊，因為即便為了個人安全起見，我們也不應該彷彿時刻活在威脅之中。正因為如此，良好的情境覺察以及感知自己的直覺無比重要，它們知會你潛在風險，告訴你現在環境中什麼人可能企圖施暴或犯罪。誠如你已經在原則一和原則二所學到的，關鍵是不要活在偏執之中，也不要在每一個情境、每一張面孔裡尋找狩獵者或弱點。反之，你要做的是借助情境覺察的教訓：你的情境是什麼？你的覺察程度應該位於哪一層級？就像原則一的練習所顯示的，讓情境與覺察相輔相成，使你看清真正的情況。「然後」再利用你的直覺，讓你更正確的解讀情境與該情境中的人。不過有個例

外，就是對某件事物的直覺反應。

在此我希望再次重申，本書的宗旨是促使你對於了解情境和天賦能力更有自信，做好更周全的準備以因應潛在的麻煩，這樣你才能夠積極評估風險，若是特定威脅真的出現時，也能夠應付自如。

潛在威脅有兩種，第一種是實體地點或情境的威脅，譬如提款機、暗巷、停車場、治安不好的地段、科威特的露天市集等等。第二種是你容許自己的情境覺察發揮作用，將注意力集中到具有潛在威脅的個人或群體，這時候你的直覺將會派上用場。例外情況是你的直覺先呼喚你，告訴你需要做什麼或不要做什麼，在這類情況下，你的潛意識已經替你發覺環境線索，這可能在彈指間發生，也是判斷自己是否遇到問題的另一個關鍵。

維多莉亞運用情境覺察、直覺和專業技能，正確判定出自己被盯上了，至少假設她已經被盯上，在這個例子中，兩者並無差別。我們再來看一個在美國國內發生的案例，這位當事人很慢才明白自己碰上危險。

加州卡諾加公園（Canoga Park）

海克特（Hector）上了很漫長的一天班，回家時順道走進住家附近的折扣雜貨店兼藥房 Shop an' Spend，打

算幫妻子買幾樣東西。這家店正準備打烊，所以他急忙挑好清單上列的東西，然後站在結帳櫃檯前，將東西放在輸送帶上。現年 30 歲的海克特是公司的人事經理，現在他很疲倦，腦袋裡沒有特別想什麼事情。這時候有四個青少年（三男一女）從前面的自動玻璃門走進商店，他們的穿著很打眼，倒不是說他們打扮不得體，也沒有穿特殊文化意涵的衣服，而是他們全都穿太多了，在南加州溫暖的夜晚，他們居然都穿著大衣。這幾個青少年一走過海克特的身旁就分散開來，消失在店裡面。海克特忽然有一股很強烈的衝動，想把他要買的東西丟在櫃檯上不管，立刻走出去。可是有個念頭跳出來反對：「別傻了，別當個種族歧視者。」海克特是拉丁美洲裔，那些年輕人不是。

　　店裡的廣播系統開始播音：「本店顧客請注意，我們即將打烊，請您從前門離開。謝謝您的光臨。」海克特甩掉逃跑的荒謬衝動，看看店員，露出微笑。店員後面是店裡另一條依然開放的結帳通道，和海克特之間有一條走道的距離，事實上，打烊時間這家店只有四個員工在上班：兩個結帳店員、在旁邊服務台的一位經理，還有商店後方負責產品上架的員工。海克特四周還有三個顧客，他們全都在兩個結帳櫃檯前排隊。想要盡快離開的衝動再次閃過海克特的心裡，可是他壓抑下來，因為他應該買那些東西

回家，此外他馬上就要走了。海克特伸手去掏錢包付帳。

在維多莉亞和海克特的故事裡，他們都正確判讀情境。維多莉亞不僅辨認出潛在攻擊者，而且對危險做了一番評估。她的反應有很多來自訓練和經驗，所以我們還是來思考海克特的例子，檢討他的情境周遭的事實，以及他這個非專業人士的評估。雖然海克特自己不曉得，但是他做了兩件反射性的事情。他處於熟悉的情境，因為他位在自家附近，平常也會去這家商店買東西。他靠近結帳櫃檯時的覺察心態，以開放覺察來形容最貼切。儘管因為在辦公室待了漫長的一天，讓海克特的注意力不太集中，然而他依舊對環境訊息保持開放，因此做出異於平常的反應。或許海克特對那些青少年有些偏見，但是他的心裡也對不和諧的線索產生反應，而且反應強烈。從那一刻開始，海克特的覺察容許他注意其他更重要的細節，特別是青少年的大衣，他覺得這件事很奇怪。重點是衣著不和諧，而非種族偏見。到目前為止他做得很好。

此時海克特的直覺浮現，那股感覺強烈到甚至激起他本能的或戰或逃的反應：海克特忽然有一股很強烈的衝

動，想把他要買的東西丟在櫃檯上不管。直覺多半只會激
起同時的身體反應和明確的行動方向，鮮少發揮更強大的
力量。海克特的反應是兩項基礎原則（情境覺察與直覺）
交織的美妙舞蹈，可惜他把自己的觀察（情境覺察）和直
覺拋在腦後，因為不想顯得自己傻氣或偏執，畢竟一家雜
貨店裡能發生什麼事呢？

你的位置和活動

　　你的位置和你正在做的事與威脅是什麼關係？這點
很重要，所以你才需要使用情境覺察去判定潛在威脅，以
及威脅成真的可能性高低。情境覺察也會告訴你要小心哪
一種犯罪。如果你正在重要的足球、籃球比賽現場，或是
在音樂會中場休息時站在人群中排隊買點心和飲料，你很
自然會想到扒手。走路去用提款機領錢，不論是什麼地
點，都很容易招惹搶劫犯。黑暗或偏遠的地點，或是自己
落單與團體分開，遭受強暴犯和搶劫犯攻擊的危險都會升
高。至於商店和銀行，你會想到的犯罪大概是強盜。

加州卡諾加公園

　　海克特在 Shop an' Spend 店裡掏出錢包拿在手裡時，
兩個穿大衣的年輕人再次出現在商店前面，海克特張望他

們兩個同伴的身影，但是沒有看到人，這讓他停頓下來。問題來了：他碰到問題了嗎？因為我正在重建此一事件，好讓讀者拿來作為學習工具，所以答案是肯定的。即使海克特剛剛意識到情況不妙，但他的潛意識層次已經明瞭，因為方才直覺早就督促他趕緊丟下一切走出去。

「所有人立刻去後面！」第一個青少年吼叫出聲，他拿著一把手槍在頭上揮舞，強調他是認真的。他的兩個同夥站在海克特的一側，而商店出口在另一側。海克特同時看見他的威脅和安全港，恰好位在相反的方向。他該如何應付眼前的問題？在我們回答並繼續談海克特的故事之前，先來看看歷史上最惡名昭彰的精神變態患者之一，用這個例子來告訴你，若是「不去判定」自己碰到了問題，後果不堪設想。

邦迪──美國渾蛋

泰德・邦迪（Ted Bundy）是不折不扣的渾蛋，而且他在「還未」成為 20 世紀最惡名昭彰的謀殺強姦犯之一以前，就已經是個渾蛋了。邦迪的罪行罄竹難書，值得賜他最恐怖的死法，可惜佛羅里達州司法與刑法制度下那些善良人士只把他送上電椅。邦迪被處極刑之前，承認犯下三十宗謀殺案，可是根據邦迪在那段時間居住地區的犯罪

案件推論，他所殺害的年輕女郎與女童的數目很可能超過
四十人。邦迪生於 1946 年，14 歲那年可能就已殺死第
一個被害人，那是年僅 8 歲的鄰居女孩，住家位在他送報
紙的路線上，不過邦迪與女孩的失蹤始終沒有確切連結，
而且他一直否認犯案。邦迪青少年時期的犯罪記錄包括入
室竊盜（這是他殺人、綁架的兩個主要手段之一）、汽車
竊盜，但這些記錄在他 18 歲時刪除了。邦迪自己承認的
第一宗殺人案，是他 23 歲時犯下的，犯案時間是 1969
年，他潛入西雅圖附近一間公寓，謀殺了兩個在屋內沉睡
的空中小姐。話又說回來，邦迪對自己的故事經常改口，
因為他是個心理變態的渾蛋。不過有一點很清楚，他斷斷
續續犯案，前後大概有 10 年的時間，地點至少橫跨七個
州。他謀殺、肢解被害人，有時候對方已經死亡很久，他
還會回到掩埋被害人的地點，和屍體待上一段時間。

　　我對邦迪的變態或事蹟沒有興趣，反正知道他是個
渾蛋就對了。我感興趣的是他專心犯案時，作案手法相當
細緻。除了趁女子睡覺時闖入她們的住處之外，邦迪的另
一招是假裝受傷，或是裝出某種無助的樣子，然後找被害
人幫忙（這一招比喬依在威尼斯海灘要求被害人開門的手
法複雜、細緻多了。）邦迪的這種做法目的是誤導被害人
的情境覺察，使對方的直覺鈍化，或是壓制其直覺。這一

招很有效，以邦迪的例子來看，他用這一招誘使女性上他的車子，一輛普普通通的福斯金龜車（VW Bug），接著立刻打死對方或打到她們失去知覺，然後再加以性侵害。這一來，被害女子還沒有完全明白自己碰上麻煩「之前」，邦迪就已經取得控制權，甚至完成虐殺。我在研究邦迪的案子時，看見他反覆使用綁架的作案手法竟然害了那麼多人，不禁懷疑究竟有多少女子（主要介於 15 到 26 歲之間）在明白自己碰到問題「之前」，就已經為時已晚。

1974 年夏天，邦迪從西雅圖市塔可瑪區（Tacoma）搬到鹽湖城（Salt Lake City），前者是他已經殺害至少十一名女子的地方，後者則是他報考上的猶他大學（University of Utah）法學院所在地。那一年秋天學校剛開學，就開始有女子失蹤，光是 10 月份，鹽湖城地區就有三名女性失蹤，其中只有一人的屍體被尋獲。下面這個故事的主角是邦迪的下一個被害人。

猶他州鹽湖城

那一年的 11 月 8 日，剛從穆瑞高中畢業的（Murray High School）卡蘿（Carol DaRonch）開著自己嶄新的跑車前往新開幕的「時尚商場」（Fashion Place Mall），卡蘿自稱是「極為害羞的少女」，她的車是 1974 年出廠

的雪佛蘭科邁羅（Camaro）；那個年代購物商場極為盛
行。那一個星期五是假期前夕，天空下著毛毛雨，時間剛
過六點半，天已經黑了。卡蘿把車子停在西爾斯（Sears）
百貨公司外面，匆匆跑進室內躲雨，她在商場主體建築慢
慢逛，恰好碰到兩個表姊和幾個朋友，然後她在華頓書局
（Walden Books）的櫥窗前停下來，瀏覽櫥窗裡展示的
書籍。正當卡蘿專心瀏覽時，有個男人出現在她身旁，對
方又高又帥，髮型很好看，還留著小鬍子。

男子自我介紹他是穆瑞警察局（Murray Police
Department）的警官羅斯嵐（Roseland），問卡蘿的車
牌號碼是不是 KAD032。「是的，那是我的車牌號碼，」
吃驚的少女回答。男子說：「我們抓到一個人，他企圖闖
入妳的車子。」然後他要求卡蘿陪他走到外面，檢查是否
有東西被偷。卡蘿走到自己車旁，打開車門，確認車裡每
一樣東西都還在。這時候她聞到男子的呼吸帶著酒味，忽
然就想到情況也許不太對。卡蘿說：「你有帶證件之類的
東西能讓我瞧瞧嗎？」對方從口袋裡掏出一枚徽章，此舉
讓卡蘿的態度軟化，也坐實了男子的官方身分。卡蘿是很
有理性的少女，從來不會蔑視規則而惹上麻煩；她覺得服
從是自己的義務。

男子將徽章收好，然後說：「他們把他（小偷）帶

去警察局了。如果妳能來填一份指控他的申訴書，我們就能辦他了。」

卡蘿同意和他一起去，兩人走向男子的車子，那是一輛破舊的 68 年份福斯金龜車，他們上了車，把車子開走。車內空間密閉，少女乖巧地坐在副駕駛座位上，離「羅斯嵐警官」只有幾吋遠。車子一上路，卡蘿就知道自己犯了錯，換句話說，她終於體認自己碰到問題了。

車子駛上鹽湖村（Salt Lake Valley）的主要幹道州街（State Street）向北走，然後轉彎開進一條巷子，隨後再轉進一條安靜的馬路。越來越焦急的少女開始問他很多問題，經過麥米蘭小學（McMillan Elementary School）時，男子大轉彎開到路邊，用力之猛讓車子衝上人行道，卡蘿慌亂的問：「你在幹什麼？這裡不是警察局。」

福斯汽車搖搖晃晃停了下來，邦迪突然抽出一雙手銬，把其中一個銬住卡蘿的左腕。因為太遲明白自己碰上問題，卡蘿讓自己獨自與殺人凶手陷在一輛小車子裡，生命即將走到盡頭。

判斷問題的練習

判斷自己是否遇到問題，不見得總是容易做到，尤其是在你不確定誰是問題的時候。不過特種作戰人員和間

諜有一種特殊技巧，稱作監視偵測，可以探知自己目前是否被人盯上或被人跟蹤。維多莉亞就是使用這種偵測監視的技巧，才確立自己穿梭在科威特市的露天市場時，碰到了潛在問題。祕密進行的監視偵測多半用在更複雜的目標上，目的是不要打草驚蛇，不過它的基礎和基本元素依然相通。監視偵測是透過執行監視偵測路徑（SDR）來完成，它和所有技能一樣，經過專家指導和個人練習，會越來越精進。所以儘管你可能做不到在自己和跟蹤者之間爭取 20 秒的時間差，以便隱蔽的丟包或取件，但還是能夠判定普通罪犯和狩獵者的興趣。此外，你還能用自己新培養的技巧和能力隨意拋出「SDR」這種字眼，讓你的朋友大開眼界。

　　一個宜人的春日下午，在美國某一個適合在街上溜達、旁觀人群的大城市裡，我和維多莉亞見面聊天，交換消息和戰爭故事。以下列出來的，就是如何判定有人跟蹤的祕訣，以及如何甩掉對方的一些技巧。這些方法專門針對在大都會的街道上走路時，或是在購物中心時使用，因為這些地方的人群夠多，比較難辨識跟蹤者。

如何執行個人監視偵測路徑？

　　（1）常常停下來查看四周，上下左右都不放過。隨

機選擇時間或地點停下來。維多莉亞說：「要保持戒心和好奇心。」停下腳步，繫緊鞋帶或假裝你在繫鞋帶。坐下來，這給你在心裡深呼吸的時間，並且強迫任何跟蹤你的人也停下來——這樣就比較容易注意到他們的行蹤。

（2）故意沒有目標的四處走動（譬如毫無邏輯的改變路線或掉頭走回原路）。此舉強迫跟蹤者縮短與目標之間的距離，以免把人跟丟。你的行動越容易預測，跟蹤者就能保持越長的距離，使你更難辨認對方。

（3）狩獵者，不論是人類或黑猩猩，都喜歡從後面追蹤獵物。當你走到交叉路口時，不要立刻朝自己要去的方向看，而應該先回頭看剛剛來的方向，然後看看左邊、看看右邊，然後再將注意力轉回你打算前往的方向。

（4）穿越街道，隨便亂穿馬路更好，如果是比較寬敞的街道，最好的是中間有分隔島的馬路，那麼跟蹤者曝光的機會就更大了。

（5）注意那些迎接你目光的人。如果你注意到對方，要在心裡記下他們異於常人的地方，這樣會比較容易記住對方。舉例來說，「把頭髮梳向一邊以掩飾謝頂的傢伙」，或是「從打扮看該是無家可歸的流浪女子」，或是「身上穿了太多洞的龐克小子」。**假如你正在行走，卻瞧見對方兩次以上，那就是奇怪的徵兆。**

（6）一般人常犯的錯誤是目的地固定不變，或是只顧埋頭做手邊正在進行的事，例如買賣東西，特別是使用提款機的時候（專心的理由很明顯）。這種習慣很難克服，即使專業人士也會失手，包括我在內。儘管如此，假使你正在使用提款機，並且被罪犯跟蹤，他們必定會盯緊你的舉動，這時候你只要抬頭看看四周，就會「逼」跟蹤者現形。

（7）坐在室內時或是在有窗戶的地方行走時，利用窗戶和鏡子觀察你的周遭。餐廳裡的鏡子特別有用，店家常會利用鏡子創造空間更大或環境更寬敞的假象，你務必每次都注意它們。把「洗」窗戶（除去你視線中的人渣）這一招練習得越好，你就會越進步。兩片呈九十度角相對的窗玻璃，可以讓你觀察不同角度，是最理想的情況。還有，兩面相對的窗戶，或是一面窗戶和一面鏡子相對，可以提供巧妙的用法：如果有人靠近你，而你不想直接去看對方，這時候透過兩兩相對的窗戶和鏡子，就能看見你預料他會前來的方向（你窺看的鏡子或窗戶會從最後的第三個角度偏斜，所以從外表看，根本看不出你正在直直盯著那個人。）挑選室內有鏡子的餐廳，是從事祕密行動的一個招數。在餐廳裡選擇坐在哪裡，或是在街上選擇停在哪裡，已經變成一種藝術，所以警告座位不要背對入口或窗戶的老話並非永遠正確，你還是可以選擇背對入口的優勢

地點。如果你想學「間諜招數」，不妨利用酒杯或其他玻璃物品（有時甚至隔壁桌的東西也派得上用場，不過機會不大），映照出你背後的景象。用窗戶與鏡子做實驗的遊戲很有趣，我鼓勵你平時就培養這個習慣。

怎樣甩掉或直接面對鬼鬼祟祟的人

（1）如果是在商店或餐廳裡，你就去找那裡的員工，告訴對方：「有個鬼鬼祟祟的人跟蹤我。我能用你們的後門擺脫他嗎？」如果跟蹤你的人只有一個，而你又是女性，那麼盡量去以女性顧客為主的商店購物。舉例來說，嬰兒用品店和女性內衣店就很管用，因為男性跟蹤者若是單獨一人，尤其是想對你逞凶的人，到了這些地方不僅會招人注目，而且他也會很不自在。光是這一點，就足以為你換來呼吸空間，把「猝不及防」的情境轉變成「刻意塑造」的情境，是一種理想的過渡。（請參考下一章，「擬定計畫」。）

（2）如果現場有扶手梯，務必搭乘，往上走的扶手梯最好，因為你可以居高臨下觀察。不過上行、下行扶手梯都好，它迫使跟蹤者進入一條又長又窄的通道，而你能輕易的觀察。另一個手段是搭上行扶手梯，到頂之後立刻換搭下行扶手梯，如果和對方面對面擦肩而過，你就能更

仔細觀察他。避免搭乘廂型電梯更換樓層。樓梯的好處和扶手梯不相上下，可是有個缺點，當你折返時一旦和跟蹤者面對面，樓梯不像扶手梯那樣中間有阻隔。

（3）講到這一點，順便談談目光接觸的話題。假如你認為對方企圖把你當作目標，那麼讓他知道你已經曉得他的存在，就是一個很好的制衡手段。眼神直接對視比偷看肩後的人來得好，因為偷看是被捕食動物的行為，你要讓對方曉得你也是狩獵者。維多莉亞說：「這個建議向來不太可靠。如果對方企圖偷偷摸摸行事，那麼眼神接觸可能管用，因為他會感到吃驚。可是你不會想要鼓勵對方採取行動。」我的建議是，如果你故意接觸跟蹤者的眼神，而你們之間又有別的交流，你不妨在眼神之外加上一個非語文手勢，清楚表達你的打算和覺察。譬如搖頭或搖晃手指表示「不可以」，效果都很好。

（4）我不建議和跟蹤者交談或正面對峙，更絕對不可在照明昏暗或與外面隔絕的地點接觸。如果你無法控制情況，被逼得和對方面對面時，就直接開嗆：「不要再跟著我」或「你需要什麼嗎？」還有，碰到這類情況，趕快拿手機打電話給任何人，假裝要和你的丈夫、妻子、男友、保鑣說話，然後對方一接起電話，最完美的做法是立刻說：「這裡有個討厭鬼在騷擾我。」如果能當著跟蹤者的面打

電話報警更好，接線生一開口說：「這裡是 119 報案專線，您要通報什麼緊急事件？」你就說：「有個男人在跟蹤我，他就在這裡，我人在 ＿＿＿＿＿＿。」這一番話清清楚楚，對方會聽進去。如果他罵你賤人呢？你只要微笑就好，賤人總比鬼鬼祟祟的王八蛋跟蹤者好多了。

（5）鞋子是很重要的考量，對女性尤其重要。維多莉亞對這個有強烈的意見，萬一妳是熱愛細高跟鞋一族，她也有對策。維多莉亞對我解釋：「你永遠沒辦法叫女人不要穿『火紅』鞋款（和買手機一樣），那是不可能發生的，不過在逃跑時，穿什麼鞋子差別太大了。解決的辦法是把鞋子脫掉，因為赤腳絕對勝過細高跟鞋。」不論身處什麼情境，包括在大城市裡，只要不是天寒地凍的地方，當你需要「拔足狂奔」時，最好還是赤腳吧。

（6）你在執行監視偵測路徑時，以及獨自一人時，應該避開下列地點：多層樓停車建築的樓梯井、位在長走廊盡頭的洗手間（常見於購物中心），或是照明昏暗的環境。至於死巷更是絕對不可踏入。

結論

事故的變數和情境不可勝數，所以無法全部拿出來說明。但是也別讓這個困擾你，將判斷自己是否遇到問題的

線索全部集中起來，並不是複雜或耗費時間的事。上述的
三個故事——科威特的維多莉亞、Shop an' Spend 的海克
特、鹽湖城的卡蘿——主人翁都有意識或無意識地做出自
己是否碰到問題的結論，有問題或沒有問題，這是二選一
的決定。他們三人各自在過程中的不同時間點做出結論，
專業的中央情報局專案幹員維多莉亞不負期望，早在威脅
尚未確立之前，就正確評估了自己的情境。對你來說很重
要的是，碰到潛在威脅時要利用你的情境覺察和直覺，
指引你在時機還未太遲之前做出正確決定，不要像卡蘿
和海克特那樣，錯過採取行動以避免生命受威脅的時機。

　　記住，即使你循規蹈矩沒有做錯任何事，依然可能被
人盯上。此外，到了這個時候，你應該已經具備需要的工
具和本能，以判定自己是否成為目標。數百萬年來的演化
和求生早就融入你的準備，應該要對自己的能力有信心。
截至目前為止，你所讀到的每一項資訊都是為了讓你做出
上述決定，不必投入什麼，也不需要複雜的過程；恰恰相
反，它應該是一個迅速、單純的結論。本書接下來的一切
內容，目的是要在你判定確實碰到問題之後，但還沒有落
入「我剛剛和邦迪一起上了車子」的境地之前，助你一臂
之力。

擬定計畫

科威特，科威特市

　　三個男人跟蹤維多莉亞走進露天市場，距離剛好夠遠，因此提高她的關切程度，她知道自己碰上了問題。假如維多莉亞讓自己與外界隔絕，或是更糟的情況，讓自己被綁架，那麼情況就不妙了。她需要一項計畫，而且需要急就章的擬定這項計畫──她不可能停下來思考，因為自己已經被盯上了。維多莉亞仰賴過去的訓練，立刻把焦點放在理想的結局（目標）上：要嘛甩掉他們，要嘛阻止他們，手段要強大到讓對方失去興趣，最終自行離去。所以維多莉亞的計畫一開始就把最終結局放在心裡，有了那樣明確的目標，她就能夠推論自己需要怎麼做，才能安全解決問題。這正是讀者應該仿效的行動。

計畫成形時你會愛上它
（如何打造你的計畫）

擬定計畫和情境覺察類似，最好拆解成幾個有條理的步驟，即使在壓力之下也易於使用或記憶。此外，擬定計畫也和情境覺察一樣，思考與學習如何規劃提供你基礎，加上足夠的練習，成功的機會將大為增加，因為它和本書所有內容一樣，你準備越周全、預演越熟練，成效就越好。

從思考結局開始，你希望你的故事怎樣收場？好萊塢製片廠都知道故事的第三幕和高潮至為重要，它們對你的人身安全也同樣重要。先設定終點，你就能判定安全抵達所需的步驟，你就是自己這部個人電影裡的英雄，一人挑大樑，規劃賣座片續集。

就我個人來說，一旦確立我想要的結局，我還會做一個更簡單、更快速的決定：我的計畫是審慎考慮的抑或倉促湊合的？這是一個需要快速做成的重要決定，因為這取決於你擁有多少時間。

審慎計畫：如果時間充裕，你沒有被迫做決定，能夠考慮各種選項，以及安全抵達終局所需要的步驟。舉例來說，如果你已經確認某人跟蹤你，來到你正在吃晚飯的餐廳（這得歸功你剛學會的 SDR 技巧），你覺得對方可

能在等候你離開，這時候你就有時間做計畫了。另一種審慎計畫的形式，是在事前做好計畫，假如你打算去治安比較差的街區或城市，可以事先擬定計畫以減輕威脅。

倉促計畫：在這種情況下，你幾乎沒有時間籌畫需要做的事。在露天市場被街頭小混混跟蹤的維多莉亞就需要倉促擬定計畫。即使某人威脅要攻擊你或旁人，你也應該盡一切可能在採取行動之前先擬定計畫。

當然免不了會碰上計畫太輕率或根本不可能做計畫的時候，我們會在「原則五：果斷行動」那一章討論這些情況。至於現在，我們要靠想像故事的結局，直接切入你個人電影的最終高潮戲。

從開頭就把結局放在心上

你想要什麼結果？問問自己：如果我碰到威脅而沒辦法回到自己的車上，就像維多莉亞那樣，我需要怎麼做？我必須立刻回去車上嗎？如果是的話，我需要協助才做得到嗎？還是我可以搭不同的交通工具逃走，事後再回來？我應該留在原地，找人過來幫忙嗎？假如有人在街上跟蹤我，我需要回家（或旅館）嗎？還是去別的地方也可以？我能靠自己逃掉嗎？旁邊有沒有值得信任的人可以讓我接觸，抑或吸引對方的注意？

139

　　不論變數有多少種，選擇你要的結局之後就堅持下去。這個選擇讓你能夠擬定計畫，萬一事情繼續惡化，或是你覺得不清楚所有的變數，因此無法完全了解情境，那麼擬妥一項計畫將會救你一命。所以，務必嘗試想像你想要的結局（抵達你的車子、旅館大廳、安全躲進人群），然後把那幅圖像牢牢放在心上。

　　不管是哪一種情境，一旦你設定好結局，就從終點往回推想，問問對你有意義的問題。你不必精通詭祕戰術，也會知道進入餐廳或人來人往的公共場所，可以減輕立即威脅，而有管理員的停車場則有助解決牽涉到車子的情境。此刻立即得到安全（臨時的、唾手可得的）遠比最終的安全重要。只要它能讓你稍微喘一口氣，立刻接受，不必遲疑。到了那裡，你能夠擬定更好的或是更周全的計畫，更重要的是能解除立即的威脅。不要害怕耽誤原先時程或打擾別人的生活，我們先前已經說好了，傾聽自己的直覺並不是傻事，而且當你認為別人可以幫忙你，果真打擾對方了，也絕對不是做傻事或蠢事。總而言之，你在心裡想好結局之後，就可以著手擬定倉促或審慎的計畫了。

審慎計畫

　　審慎計畫和倉促計畫的差別，就在於你有沒有時間，

包括行動過程中的時間，或事發之前的時間。只要不是面臨立即的壓力，有沒有這段時間的差別是很顯著的，因為擁有計畫的時間，就比較不容易把事情弄得更糟或犯下錯誤。擬定審慎計畫不一定是要應付生存威脅，未雨綢繆是完全說得通的理由，下面的這則故事就是明證。這個故事的主角達瞿（Dutch）以前是特種軍人，曾在我那個最高機密單位服役。當時我們正採用低能見度飛行作戰，目的是打擊該地區的某項恐怖威脅。我找達瞿加入這支聯合特別作戰小隊。

中東某個城市

那家理髮店還關著。時間是早上八點過幾分鐘，達瞿的通譯艾里（Eli）說，這個時點理髮店早就應該開了。達瞿從門口往後退了幾步，打量他左邊和右邊的人行道。艾里用手遮著額頭湊近查看，企圖透過玻璃看進那個又小又黑的房間，看看有沒有活動的跡象。這條街上其他的商店都開始開店做生意了，卡車停在路旁卸貨。達瞿很快衡量是否應該回到車上，做一次10分鐘的簡短監視偵測路徑，然後回頭判定是否有人跟蹤，或顯示對他們感興趣；另一個選項則是繼續在門前等候。當天早上達瞿的計畫就已經包含一次監視偵測路徑，那是在去理髮店的路上做的。一

般來說，他並不太在乎多等幾分鐘，因為他經常造訪整個
城裡的商店和企業，可是一旦坐在理髮的椅子上，他的脆
弱程度將遠高於和兩三個武裝同袍坐在餐廳裡。此外，他
的小隊裡還沒有人來過這家理髮店，有鑑於蓋達組織的威
脅日增，達瞿比平常更小心。

　　2012 年 9 月底，這個城市開始出狀況。短短兩個星
期之前，美國大使館剛遭到攻擊，嚴重破壞多棟建築，也
摧毀很多輛車子。達瞿隊上的成員住在城市另一頭，那是
小隊自己的住宅，如今出現恐怖攻擊，隊員雖然心裡做了
最壞的打算，但還是繼續正常過生活和出任務，幾乎沒有
受到干擾。此時城裡大部分美國人不是被禁足在美國大使
館就是在喜來登飯店（Sheraton Hotel）裡，相較之下，
這支小隊的成員享有任意外出的自由，想去那裡都隨他們
高興。這座城市充斥各式各樣犯罪網絡，小隊始終沒有低
估它們所構成的威脅，因為挖掘並除掉威脅正是他們在這
裡的職責。

　　達瞿的小隊屬於自給自足型態，他們必須負責維修
車輛、租房子、採購日用品、煮食、維護安全等等，所以
大家一直都很忙碌。但是今天例外，今天算是休假日，沒
有派遣作戰任務。達瞿已經好幾個月沒理頭髮了，他覺得
有需要打理一下。由於專長使然，他很少參與正式的活

動，平常都在街上執行任務，身為白人，在這裡活動保持低調為宜，所以外表邋遢反而對他有利。可惜以往幫他理髮的店家沒開，通譯艾里推薦面前的這一家。艾里的出身不詳，他是個禿頭的高個子，喜歡和人打交道，達瞿和他很處得來。

正常來說，達瞿和隊友出入都會結伴以策安全，可是今天例外，因此當他打算穿過城市去一個陌生的店家時，就先做了一項比較謹慎的計畫。這也是他第一次單獨和艾里出去，雖然不打緊，但意謂此行他是唯一有武器的人。達瞿帶了一把克拉克 19 手槍，插在皮槍套中，然後塞進長褲前面；一開始覺得很不舒服，過一會兒就習慣了。槍放在身前比較隱密，不像插在臀側那麼突出，一般人看不出來，而且坐著的時候，槍放在前面也比較容易抽出來。達瞿長褲的左前方口袋裡有一個備用彈匣和一把蝴蝶牌（Benchmade）彈簧刀，右前方口袋放的是手機，斜背包裡有一挺 H&K MP7 折疊式衝鋒槍。這些設備都是為了支援他的應變計畫，萬一有人企圖綁架他時可以派上用場——這座城市始終有個威脅，那就是抓走落單的美國人當俘虜或戰利品。

話雖如此，一個白人在街上閒逛決不是好主意，即使是讓人昏昏欲睡的早晨也一樣。就在達瞿準備告訴通譯

艾里回車上的時候，艾里發現理髮師向他們走來。「那就是他，原來他在。」理髮師和艾里用阿拉伯語打招呼並握手，理髮師幾年前從伊拉克逃到此地，達瞿記不得他是怎麼來到這個新國度，但是他和艾里已經認識好一陣子了。理髮師打開門鎖時，達瞿快速進行全方位掃視，在心裡記下街上進出商店的顧客人數，尋找任何「異於尋常」的跡象，然後才踏進理髮店。

　　店裡很暗，顯然沒有電。理髮師消失在後面一個小房間裡，過了幾分鐘才用一台拼湊成的推車將發電機和好幾條延長線推出來。達瞿朝窗外探看時，艾里協助理髮師把發電機推過狹窄的大門，然後推到人行道上，他們拿鐵鍊把發電機鎖在一個鐵環上，鐵環是用水泥封死的（此地盛行搶了就跑的犯罪）。幾分鐘後，理髮店在明滅不定的燈光中重回生機，電視調到轉播足球比賽的頻道，阿拉伯音樂從古老的收音機流洩出來。理髮師很快就讓達瞿坐好，艾里翻譯達瞿說的話，告訴理髮師他想修剪的髮型和落腮鬍，其實說不說沒那麼重要，達瞿很確定理髮師一定會照自己覺得最好的樣子修剪──他果然沒料錯。

　　理髮師把圍布披在達瞿肩上，轉身去拿梳子和剪刀，達瞿立刻抽出克拉克手槍放在左邊大腿上。每次他開車出去，也是把手槍放在這個位置，因為這樣他就能用開槍的

那隻手迅速拿到武器，同時保持槍枝安全。萬一被堵在車陣中卻遇到威脅，便能不動聲色朝他側面或車子前方的任何人開槍。這當然是個小細節，可是做計畫不是你一停步就跟著停擺的事。

　　達瞿透過掛在對面牆上的鏡子，觀察窗外來來往往的商店顧客 [4]。他絕對不會容許自己孤身在外時，坐在無法緊盯入口的地方，因為他知道，哪怕只是提前幾秒鐘注意到狀況不對，就足以翻轉整個結果。運轉的發電機、劈啪作響的收音機、艾里和理髮師吵鬧的對話全部交織起來，淹沒了城市街道的聲音。這個伊拉克理髮師花了將近一個半小時替達瞿修剪頭髮、刮鬍子，還幫他做頭皮護理。達瞿回憶道：「那真叫人大開眼界。我這輩子都沒有享受過那麼棒的服務。我告訴他，如果他能去美國開店，美國男人會樂意花 100 美元以上理一次髮。他跟我收費 20 美元，我給了他 50。」儘管達瞿很放鬆，可是他心裡依然在盤算主要應變計畫和替代應變計畫，一個是為了堅守陣地，另一個是為了奪門而逃。

　　達瞿對理髮的記憶停留在愉悅、美好的經驗上。他和

4　注意他如何運用鏡子改善情境覺察。

艾里平平安安離開，路上還順便買了一些沙威瑪三明治，帶回去給其他隊員吃。兩個月後，達瞿離開那個國家，再也沒有回去過。在他離去之前，又去光顧過同一家理髮店兩次，每次的經驗都和第一次一樣好，甚至更好。而達瞿每一次在盡可能享受美好經驗的同時，依然保持警覺；每次去理髮店都需要擬定三項計畫：離開安全住處之前的計畫、理髮時的計畫、回程的計畫。

　　達瞿說：「我回家之後大概一個月左右得知，三個蓋達組織的成員企圖綁架一個接我工作的美國人，當時他就在我去的那家理髮店剪頭髮。蓋達成員闖進理髮店的門，身上帶著手槍和一把電擊槍。美國人開槍射殺兩人，第三人受傷逃走。不管我身在理髮店、餐廳或卡在塞車的車陣中，心裡永遠在為這類突發事故作準備。我們練習計畫活動的藝術，保持警覺，隨時準備，敏銳掌控周遭的情況。這讓我們永遠都在『萬一出事』之前，提前兩、三步做好計畫。」

　　達瞿的故事給我們的教訓不是異國情境、高度威脅或他的警覺程度，而是他在去理髮的過程中，每一步都有

計畫。達瞿每一件事都做得滴水不漏，事先計畫路線、使用監視偵測路徑、練習優越的間諜技能（保持高度情境覺察）、不斷思考他要去的目的地有什麼威脅、碰到威脅該如何克服。後來企圖綁架的蓋達成員之所以失敗，只因為他們覬覦的被害人到頭來準備得比他們更周全。達瞿在那個國家服役的時間，突顯存在攻擊的環境中，個人安全計畫有哪些基本元素和挑戰。2012 年那個國家顯然就是存在攻擊的環境。然而，不必身處阿拉伯半島面對蓋達組織，一樣可以做審慎的計畫。我自己就曾經在曼谷和紐約做與達瞿相同的事。

賭城拉斯維加，內華達州

有一次我去賭城出差，剛好碰上傳奇的亞倫派森樂團（The Alan Parsons Project）要在星期六演出，因為其中一位團員是我的朋友，所以我受邀去聽這場演唱會。那是 2020 年超級盃美式足球比賽的週末，樂團精彩表演之後，留下來觀看球賽，還很慷慨的帶我享受他們的 VIP 待遇。我在賭城多留了一晚，理由嘛，誰不想和亞倫派森樂團一起看超級盃美式足球比賽？

旅館宴會廳大概動用二十幾部超大型螢幕播放比賽轉播，大廳裡擠了至少上千人。樂團預約的兩張桌子在一

個角落裡，我們都坐下來喝飲料，吃免費餐點，欣賞球賽；
團長亞倫・派森（Alan Parsons）本人和他的妻子麗莎
（Lisa）也在。我旁邊坐著好友崔西（Dan Tracey，樂團
的兩位吉他手之一），還有貝斯手艾瑞茲（Guy Erez）、
主奏吉他手柯爾曼（Jeff Kollman）、主唱歐爾森（P. J.
Olsson），這些都是貨真價實的搖滾明星，我在他們中間
顯得格格不入。我們在宴會廳落坐的那個角落裡，隔壁桌
有四對本地男女，還有兩個男子，我給他們取了「功夫李」
（Bruce Lee Junior）和「刺青臂」（Sleeve Tattoo）的綽號。

　　此時功夫李和刺青臂顯然喝了不少酒，很可能也吸
了古柯鹼，因為他們時時跑去洗手間，回來的時候整個人
嗨到不行。球賽進入第二節時，堪薩斯市隊和舊金山隊打
成平手，群眾看得如癡如醉。功夫李一直站起來擋住艾瑞
茲的視線，艾瑞茲跟他打招呼，禮貌的問他：「你能坐下
嗎？我看不見。謝謝。」艾瑞茲是個很隨和的人，他喜愛
心理學，不容易被激怒。

　　嗑了不少古柯鹼的功夫李耐著性子聽完艾瑞茲的要
求，回答說：「你他Ｘ的想去外面解決嗎？」然後開始
向艾瑞茲挑釁，又邀崔西單挑。我必須補充一下，崔西和
一派輕鬆的艾瑞茲不同，有人敢公開汙辱他的團員，他一
定立刻反擊，絕不姑息。雙方你來我往越來越火爆，主要

是功夫李和崔西兩人對峙，我明白一旦功夫李企圖出手（他已經開始擺出一些微妙的功夫動作，所以我才給他起了功夫李的綽號），崔西就準備開幹。我還要再補充一點，樂團根本不需要我幫忙，自己就能把這兩個小丑打得落花流水。反之，我把注意力放在探查功夫李和刺青臂有沒有別的同夥，同時我也小心注意整樁事件的發展，希望保安人員在情況失控之前趕來。功夫李不斷對崔西、艾瑞茲、柯爾曼和我叫囂同樣的話：「你想去外面解決嗎？我們去外面。」他甚至一直朝出口方向走，可是沒有人理他，他又氣沖沖走回來。這個情境讓人嘆氣，與其說是真正的威脅，不如說更像一場鬧劇。直到⋯⋯

功夫李因為嗑古柯鹼正處在興奮狀態，那一刻他彷如拿破崙那般英勇（說起來他也是小矮個兒），站在依然坐著的艾瑞茲面前暴跳如雷（艾瑞茲選擇坐著是明智之舉，這樣才不會火上加油），他宣稱：「我車上有一把點 45 手槍，我他 X 的要殺了你。」

此時你可能會想，這個情境需要我們立刻採取行動（原則五），不然就是擬定快速應變計畫（下面就會討論），可是不對，這個情境不適合。我立刻進入審慎計畫環節。首先，我實際引起功夫李的注意，對他說：「你不要那麼說。」我說這句話可能很荒誕，因為你無法和吸了

大量古柯鹼的人講道理或安撫他，那些故意挑釁想打架的人，也一樣無可理喻。對於我的調停努力，對方回了一句「Ｘ你Ｘ，我們走。」崔西也加入戰局，吵架繼續進行，功夫李依然很想去外面解決。

可是我曉得我們時間充裕，因為如果功夫李是認真的，身上真的帶了槍，那麼這時候他早就把槍掏出來耀武揚威了。所以即使情境有些緊張，但時間站在我這一邊，我利用這段時間擬定兩個選項，不過完全不考慮去外面解決，或是企圖和工夫李進一步說道理。雖然雙方很可能一言不合就揮拳打起來，但真正的威脅是那把槍，它不是這個情境的一部分。目前還不是。

第一步，我先把結局放在心裡。我想要什麼？我想要大家（樂團、無辜的旁觀者和我）都安全。其次，我想要為眼前的衝突降溫，讓所有人回去欣賞比賽。從個人的角度來說，我感到很強烈的責任感，因為亞倫那麼彬彬有禮，他是個謙沖的蘇格蘭巨人，如果在我作客時爆發鬥毆，不管是誰挑起的，我都覺得自己應該受譴責。此外，崔西一直跟功夫李提到我，他說：「這個傢伙你惹不起」、「你不會想要知道你在招惹誰」。雖然這兩句話都不假，可是嗑了高純度古柯鹼的功夫李正嗨到不行，說這話只會更刺激他，哪怕對面站的是武術專家羅禮士（Chuck

Norris），功夫李也不會知道自己超惹了誰。

　　更甚者，功夫李和刺青臂不會想惹我的原因，並不是因為我有引爆內在羅禮士的能力，像他們這種罪犯永遠也無法預見、無法理解一件事：我比他們所能想像的更致命，因為我曉得如何在危機之中做計畫。

　　如果功夫李繼續不依不饒（雖然不太可能），我的審慎計畫是同意跟他一起出去，或是在他出去拿槍時跟蹤他。在走過宴會廳（那地方挺長的）的時候，我會四下掃視並找出賭場保安人員，然後引起對方注意。如果找不到人，在宴會廳入口有一個篩檢站，我可以在那裡找到人。到那個時候，我會請安全人員接手，只有在功夫李企圖逃走時，我才會真正出手。在他出言威脅之後，我絕不可能放他出去，脫離我的視線。我也可能因為同樣的理由，被迫找來警察和媒體介入。把功夫李踢出去只會惹火他，他需要去的是監牢。

　　我的替代版審慎計畫是，如果功夫李沒說動任何人和他去外面解決，那我就會嚴密監視他。（我不能確定那兩個吉他手會不會如功夫李所願，和他出去外面解決。不過有一點我敢說，他們這一群是貨真價實的搖滾樂手，和我碰到過的另一些裝腔作勢的三腳貓不同，根本不怕動手打架。）假設功夫李突然站起來衝出去，我就需要重新找

位置，這樣他回來時我才能從座位上盯牢他。到這個時候，功夫李已經告訴我們，他因為傷害罪坐過好幾次牢，理由是他本來就是個渾蛋，所以他完全有可能帶著那把點45 手槍回來，對我們中間的某個人或所有人開槍。我開始在心中清點要用哪些辦法，應付功夫李這種潛在的激進槍手。[5]

　　我沒有和搖滾樂團的好朋友們分享這些計畫，重要的是我審慎計畫了兩種場景，也做好兩手準備。接下來的問題就是功夫李會怎麼做？亞倫的蘇格蘭老鄉，也是他們的民族詩人伯恩斯（Robert Burns）曾寫過，不論是人是鼠，再縝密的計謀也可能落空。功夫李只要做出與我想像完全不同的事情，就能夠顛覆我的計畫。這麼說來，當你最周詳的計畫不管用，又發現自己處於潛在危機當中，這時候你可能沒有別的選擇，只能擬定新的計畫，不過這次可沒有充裕的時間了——換句話說，你要做倉促的計畫。

倉促計畫

　　倉促計畫顧名思義就是應該急就章，不應該花太多時

5　我會在「工具三：武裝威脅和激進槍手」那一章說明如何明確的應付這種人。

間，因為你沒有審慎思考的餘裕。當你面對威脅而擬定個人安全的計畫時，記住所有的計畫第一步都必須先想好理想的結局。不過就在此時，當你面對真正的威脅，壓力巨大的當下，有一點聽起來可能很奇怪：這是該親吻的時候。

親吻（kiss，或作 KISS）是個縮寫字，真正的意義是努力尋找最簡單、最精簡的步驟，以達到你的目標。這個用語通常與軍隊有關，因為我出身軍旅，我們喜歡越基本的東西越好。創造這個詞的人叫做姜森（Kelly Johnson），他發明並打造出 SR-71 和 U-2 間諜飛機，它們是世界上速度最快、飛行最高的航空器，該紀錄維持數十年之久。姜森很懂得如何化繁為簡以降低風險，他的座右銘是：「『保持簡單就對了，笨蛋（Keep it simple stupid--KISS）』時時刻刻提醒我們。」

和擬定軍事計畫一樣，你在做計畫時也應該時時謹記維持簡單。以下這則故事闡述什麼是簡單的計畫，並且證明做計畫和不做計畫的結果天差地遠。

科威特市，科威特

維多莉亞的倉促計畫和理想結局是甩掉三個科威特跟蹤者，或是打消對方繼續跟蹤的念頭。她一邊走一邊開始盤點周遭環境的相關細節，首先是天色依然明亮，所以

毋須擔心黑暗；其次，假如她繼續往目的地走，就會碰到
更多人，而人越多的地方就越安全（這算是老生常談）。
即使碰到的是本地人，哪怕不立刻伸出援手，但只要街上
有人群走動就是好事。

　　露天市場的入口是一條狹窄的巷道，可是維多莉亞可
以看見，穿過那條巷道，後面就是大批人群，接近那些人
成為她的第一步。維多莉亞聽得見身後的跟蹤者在講她聽
不懂的阿拉伯語，所以無法確定是不是在講她，但是他們
跟得越來越緊。由於維多莉亞不想和對方正面對峙，所以
她把焦點鎖定自己的計畫。到了市集上，她再盤算下一步；
她需要的路人數量必須夠多，還需要能夠信任的面孔。維
多莉亞在阿拉伯民眾之間蜿蜒前進時，一直注意是否有人
和她的外表相似，因為即使她在露天市場中甩掉跟蹤者，
對方如果決心拿她當目標，那麼他們只須守在外面等她回
去取車就行了。維多莉亞掃視四周，找尋看起來不像科威
特人的面孔，任何外國人都行，最好是一群好幾個人。最
後她瞥到目標，是兩個 20 來歲的男子，她相信對方是美
國士兵。「我看得出來他們是軍人，因為他們走路的姿態
一模一樣。」

　　維多莉亞懶得回頭看跟蹤者，直接走到兩個士兵面
前自我介紹。「我告訴他們有三個傢伙跟蹤我，問他們是

否願意陪我走去取車。」維多莉亞的計畫簡單而且容易執行，同樣重要的是，她不害怕開口求助。儘管擁有中情局的訓練背景和實戰經驗，她的最佳計畫單純是爭取援助。

維多莉亞的情境可以在任何大城市或群眾聚集的地方施展，她的故事提供絕佳的範例，體現一項雖然沒有戲劇化高潮，但仍順利達成目標的倉促計畫。遺憾的是，有時候因為擬定計畫的條件和環境已經出現暴力或極端情況，那就不能仿效維多莉亞的案例。萬一你發現自己處在真正的極端情境之中，以我自己為例，就算是衝刺 100 碼這麼簡單的事，依然需要想好計畫該有什麼基礎。

摩加迪休，索馬利亞

我滿身大汗，因為揹負著 20 磅重的戰鬥裝備，包括防彈護甲和彈藥，另外背上還有一個背包，裡面裝著 60 磅重的通訊設備。我的周圍兩軍正在交火，看起來彷彿置身好萊塢的暴力電影。火箭推進榴彈從四面八方向我們射來，雙方交鋒的機關槍和輕兵器擊發的子彈數量非常龐大，噪音震耳欲聾。時間是 1993 年 10 月 3 日，我正身陷半世紀以來暴力程度數一數二的槍戰之中。

那一場摩加迪休戰役還有個廣為人知的綽號，叫做「黑鷹墜落」。身為當天血腥巷戰的一員，我可以作證許

多美國特種作戰官兵在戰鬥中英勇無匹，還有，當最壞的情況發生時，確實有必要聚集焦點。在那場自越戰以來最激烈的槍戰當中，猛烈的炮火使我面對極為險峻的情勢。我的朋友豪依（Howie）是海豹第六特種部隊的戰士，此刻中彈重傷，倒臥在兩百碼外一條骯髒的小巷弄裡，位置剛好在敵我兩軍的正中間。豪依需要幫助，可是我肯定不想把自己送上去當炮灰。因為那個位置缺乏掩護，我曉得如果跑過去很可能會中槍，可是我也曉得：如果不跑過去，那豪依必死無疑。我需要一項計畫。

在短短幾秒鐘內，我在心裡建立一項倉促計畫。第一，我需要協助，需要能夠治療豪依的人（我的任務不僅是作戰，還要控制空襲行動，同時指揮與控制通訊，在此生經歷過最猛烈的這場槍戰之中，我可不敢騰出太多時間。）我招呼三角洲部隊的醫官鮑伯（Bob），他那時位在我們小隊佔領的十字路口比較遠的那一邊。第二，我需要決定怎麼處理豪依。就這樣，這就是完整的計畫。我的最終目標是把豪依拖回來就醫，我要做的只是跑過去，然後兩個人都活著回來。簡單來說，我需要行動。

10 年之後在遠離戰場的地方，去 Shop an' Spend 購物的海克特也即將面臨自己的決定，以應付眼前的危機。他和我一樣，發現自己對另一個人的生死負有責任，只不過那個人是陌生人，而他的計畫有可能拯救大家，也有可能害死所有人。

加州卡諾加公園

Shop an' Spend 雜貨店的規模不大。海克特看著兩個青少年出現在商店前方，兩人都掏出半自動手槍，其中一人向嚇呆了的顧客宣布：「照我們說的做！所有人都到商店後面去。每一個人！快去！」

海克特心裡立刻浮現快跑的衝動（最簡單的計畫）。出口就在 30 碼外，位在搶匪所在的反方向，而且搶匪離他的距離甚至更遠，可是海克特猶豫不決，不敢執行這項最簡單的計畫。

「現在每個人都去後面！」

震驚的海克特發現自己落在兩個店員、經理和另外三個顧客後面，他們全都像裝了自動開關一樣，步履沉重的行走，集體走進商店後方的女洗手間。這段路上，海克特沒有看見其他搶匪，進入洗手間之後，兩個青少年對他們發出一連串指示和威脅。「看地板，看牆壁。不許看我

們！」威脅立刻升高，其中一名罪犯開始打人，隨著每 1
分鐘過去，兩人都變得越來越醉心權力。

　　海克特開始為自己和其他人感到害怕。他偷偷窺看
和打量其他人質，有一個少女，一個像他一樣的 30 多歲
男子，另外兩位顧客。然後是兩個 20 幾歲的員工，一男
一女。忽然，另外兩個罪犯衝了進來，他們已經搶光收銀
機的錢。

　　「快點，兄弟，我們走！」可是兩個劫持俘虜的人
還沒準備離開，事實上他們正在辯論是不是要強暴那名少
女。後來辯論演變成爭論，就在兩人爭吵時，第一個持槍
罪犯一把抓住少女，將她拖進一個廁所隔間，在少女的尖
叫求助聲中踢上門。這時候海克特和兩個 20 幾歲員工之
中的一人交換堅定的眼神。

　　女罪犯對其他同夥咆哮，她顯然很生氣：「計畫不
是這樣！我們已經拿到錢了！趕緊走啊！」

　　他們爭吵的時候，被害女子叫嚷著：「他在脫我的
衣服！救救我！拜託！老天哪！」

　　密閉的女洗手間裡氣氛緊張到難以置信，不過女罪
犯和第四個罪犯只在一旁等著，不想參與攻擊。他們跑出
洗手間，把強暴犯留在廁所隔間裡，最後一個罪犯則拿手
槍把風。在一團混亂和越來越激動的爭論中，海克特開始

蛻變，這個已婚但尚未為人父的男子可以聽見隔間裡傳來的所有動靜，也在其他被害人臉上看見無法置信的表情。他看向同一個 20 幾歲的員工，他們再度鎖緊對方的視線。

就像許多曾經遭到非法監禁的一樣，海克特在霎那間想出一項計畫，理由很簡單也很深刻：如果他不做點什麼，那麼某件無法言說、不能容許的事情就要發生了，除了採取行動，他別無選擇──而且要快。海克特沒有徹底想過一旦執行計畫，期間和過後可能會發生什麼事，他決定要壓制那個持槍的青少年，奪下武器，並阻止另一個青少年強暴無辜少女。很少有計畫比海克特擬定的更簡單或更緊急（更倉促），剩下的只有行動。問題是，他需要的另一個人，那個 20 幾歲的員工，是不是也一樣有勇氣？

傳達你的計畫

我規劃盡可能達成的最安全景象，為此所採用的忠告環繞著思考、計畫和你自己的行動。不過攸關你安全的一個關鍵元素，卻經常需要仰賴他人。講到計畫個人安全這個主題，傳遞資訊是重中之重。

如果你已經擬妥計畫，就應該要傳達給他人，譬如丈夫、妻子、已經長大的子女、朋友或同事，對象越多越好。審慎計畫和倉促計畫甚至更需要分享出去，主要原因

是：你既然在做計畫，顯然是為了要應付真實或潛在的威脅。在此我想強調一件重要的事：如果你感到有真實的威脅（基於你的情境覺察和直覺），你傳達消息的頭號對象應該是官方機關。正因為如此，當你身處國外時，預先做計畫更是無比重要，務必記錄或背下當地警察局的緊急電話號碼。不要像本書作者那樣，碰到一些渾蛋偷走他的越野賽車裝備時，才傻呼呼地問：「墨西哥的報案電話是911嗎？」

　　如果你已經判定自己碰上問題，那麼請求警方馳援並非打擾也不是傻氣，那是他們的職責。假如打電話給官方讓你覺得小題大作（永遠記得拿出最佳判斷力來），那麼至少打電話給自己聯絡簿上的某人，告知自己的最新情況。除了警察之外，你也可以向店家的員工或經理求助。

擬定計畫的練習

　　你可以將下面這些例子調整一下，應用到自己的生活和情境中，這麼做可以改善你個人的規劃能力。功夫李和刺青臂就在外面，不是我在賭城碰到的那兩個，賭城那兩個為了證明自己的男子氣概而犯下傷害罪，早就入獄服刑了。我說的是你們當地的混混。

場景 1：我和安德列的晚餐，第二集

這是審慎計畫的情境。就像「原則二：信任和利用自己的直覺」的練習那樣，挑選一家餐廳（最好有窗戶，若是有鏡子更好），坐下來好好享用一餐。現在想像某人正在你的座位和你目的地之間的某地等著你，你的目的地可能是車子、住家或旅館。你還有時間，因為此刻你待的地方是安全的。等你的那個人還夠不上威脅，你沒辦法報警，所以想像你已經把自己的處境通知某個朋友或家人。現在到了離開的時間，這項練習的目標是：怎樣抵達你的目的地？

第一步先利用截至目前你已經到手的資訊和問題，你能從後門離開，藉此躲過對方嗎？餐廳會允許你這麼做嗎？直接去問問看，聽他們怎麼說。你能徵求任何人協助你嗎？餐廳員工或經理願意這麼做嗎？也許甚至護送你回去？有沒有替代路線可走？或是替代的交通工具？

場景 2：惡魔現在要的是你的普拉達

這個情景設定在購物或觀光的時候。去任何有人潮或起碼人夠多的地方，這樣你才能從中選擇某人或某個團體當作潛在威脅。把你自己放到一個情境中，譬如商店裡

面，你可以在那裡擬定審慎計畫，並考慮你的選項，因為室內提供相當程度的安全。

你會發現自己提出和場景 1 相同的問題：你能從後面離開以躲過對方嗎？商店會不會容許你這麼做？你能徵求某人協助你嗎？商店員工或經理願意嗎？甚至可能護送你嗎？以此類推。

下一次換個地點。當你走路時，挑選某個時點，想像某人企圖犯案，正在跟蹤你。或者請朋友挑選一個人來嚇嚇你。你準備好報警了嗎？如果你在國外，曉得報案電話嗎（我在墨西哥就不曉得）？你需要去哪裡才會徹底安全？家裡或旅館？作為替代方案，哪裡是可以讓你就近避難的安全地點？如果都沒有，那麼周遭是否有你信得過能伸出援手的某個人或某團體？

場景 3：停車場襲擊者

你的車子和停車場是值得探索的情境，尤其如果你是美國人的話，因為很多美國人出入都靠開車。停車場是很常見的攻擊地點，從強暴到搶劫，或偷車都有。當你走去取車時，想像某人正跟在跟蹤你，不過你已經甩掉對方，可是不曉得他有沒有在停車場守著。照慣例，你的第一步還是應該先想好目標：此時此刻你需要做什麼？

　　永遠可靠的預設選項在此：打電話報警，請求警方馳援。相信我，處理你這種報案是警方最得心應手的職責。此外，記住你不一定非要在那個時候回去取車不可，除非你必須趕去某地，如果是那樣，這正是你擬定倉促計畫的絕佳機會。

　　心懷不軌的歹徒最可能守候在哪裡突襲你？你的汽車附近？停車場入口？你需要走避不開的阻塞點樓梯井嗎？太陽是否已經下山，造成你停車的地方比預想的更陰暗？再運用你的想像力，考慮可以運用到自身情境的問題。

　　如果你不必趕去某地，那麼能否就近找個安全的地方？當你有其他選擇的時候，決不要強迫自己倉促行動，你可以等一下，或是晚一點再回來，兩者都極為合理。假如你是美國人，不妨效法歐洲人的做法：去店裡喝一杯咖啡。這是將倉促計畫轉變成審慎計畫的好辦法，非常棒的替代選項。

　　還有，當你明白自己不清楚壞人在哪裡，於是決定去取車子時，你可以把鑰匙拿在手裡，這樣的準備比較妥當，一來緊急時不至於慌亂的翻找鑰匙，二來也能利用鑰匙作現成的武器。

結論

　　這一章的故事提供了許多種類的例子，從極端戰鬥到日常聚會（不過聚會對象是搖滾明星）都有。當然每一個例子都有個共通的主題，那就是主角都做了計畫，有些是倉促成形，或在現場急就章形成，有些則是在事前深思熟慮的成果。

　　達瞿和我在非常不同的情況下落實審慎的計畫，他清楚自己的目標，以及可能的攻擊類型，於是擬定相應的計畫，即使面臨恐怖份子和犯罪威脅，依然全身而退。至於我自己，坐下來觀看超級盃美式足球賽時，根本沒料到會需要擬定對抗威脅的計畫（當時我的情境覺察程度很低），可是當潛在威脅浮現時，即使是在現場臨時策畫，我依然做出審慎的計畫。

　　維多莉亞、海克特和我也都在脅迫下擬定倉促的計畫。維多莉亞可用的時間或許最多，對環境的控制也最強，不過那不代表她的時間很充裕。我自己在摩加迪休時，選擇十分有限，時間非常緊迫，必須在這樣的條件下考慮一項計畫。我這個場景和維多莉亞的場景比一開頭所顯現的更相似，因為我們都是經驗老到的風險評估者和受過高度訓練的專業人士。倒是海克特的作為最令人刮目相

看，他面對的情境根本沒有時間思量，也沒有經驗可倚
仗，他在直面嚴峻的個人危險時，擬出最簡單的計畫。

　　到頭來，你該知道任何事情都能有計畫，從最縝密
的到最簡單的，連不完整的計畫都有。處在危機當下，你
的計畫看起來甚至很笨或不可行，但是你不應該那麼想，
因為擬定計畫──任何計畫──絕對好過沒有計畫。唯有
擬出一項計畫，你才能夠在危機之中做需要做的事：行動。

第三部
行動

　　當你面對險峻的情況時，說起來容易做起來卻難。要克服恐懼，最好的方法就是回歸計畫，這就是未雨綢繆事先做計畫的原因。當你有了計畫，就「知道」要怎麼做，你已經有了準備，可以果斷採取行動。

Act

果斷行動

英雄是什麼？

　　勇氣。膽量。決心。英雄氣概。這些都是有力量的字眼，用來形容非比尋常的人。另一方面，有人是在非比尋常的環境下激發某種神祕的超能力。不論是哪一種，反正絕對不是我們自己。

　　我們崇拜英雄及其行動，他們住在神話中的希臘神廟，而我們這些凡夫俗子則住在……別的地方。想想大眾的印象和流行的虛構故事，這是很自然的結論，但是我完全不贊同。

　　我要告訴讀者一個祕密，來自我親身經歷的真實事件。勇氣和英雄氣概純粹是聚焦在自知需要去做的事，必要時不會考慮風險或個人威脅。這就是了：必要時刻正是

英雄行為的大祕密。

　　閱讀別人的故事、了解他們的勇氣和英雄行徑是一件好事，因為能夠鼓舞我們。然而對諸位讀者而言，重要的是明白英雄行徑的祕密，也就是必要時刻任何人都能夠奮起行動，包括你在內。

猶他州鹽湖城

　　卡蘿快要死了。這個害羞的 18 歲少女讓自己被惡名昭彰的連續殺人犯邦迪誘騙上車，此時邦迪知道卡蘿已經不相信他假冒的警官身分，忽然將他的福斯金龜車開上一條暗街，車子傾斜撞上人行道。邦迪企圖用手銬銬住卡蘿。

　　卡蘿突然然暴怒，這個男人憑什麼以為能夠這樣對待她。卡蘿奮力掙扎想逃出車外，一項奇怪的體認激發她的意志：「我心想，我絕不能讓爸媽知道我出了這檔子事。」於是她採取行動，拚命反抗，設法打開了副駕駛座位的車門，跌落在人行道旁的草地上。邦迪去追她，抽出他藏在後座的一根鐵撬，繼續逼近攻擊卡蘿。在寒冷的夜幕下，兩人就在草地上搏鬥起來。後來卡蘿說：「他想用鐵撬打我的頭。」

　　可是卡蘿逃走了。「我真的不記得是怎麼逃走的。我個子非常小，我想是有一股力量不知道從哪裡湧了出

來。」她說的「不知道哪裡」其實是存在的，就在每一個人的身體內。在卡蘿最需要的時刻，百萬年來的演化和求生本能幫了卡蘿一把。到頭來，她的行為救了自己一命。

當他們倆人打鬥到最高潮，而卡蘿設法逃走時，住在附近的一對姓華爾許（Walsh）的六旬老夫婦威爾伯（Wilbur）和瑪莉（Mary）正好開車路過，他們要去雜貨店買東西。忽然有個嬌小的棕髮女郎衝到車子前面，簡直像霧夜中的一抹幽靈。威爾伯嚇了一跳，趕緊踩剎車，瑪莉以為他們遭到攻擊，伸手要按下門鎖。但是還沒等瑪莉按下門鎖，卡蘿已經進到車內，威爾伯踩下油門把車開走。老夫妻看看女孩，明白發生了可怕的事情。瑪莉回憶道：「她喃喃自語：『我不能相信，我不能相信。』所以我伸出手臂摟住她，試圖安撫她。」他們問卡蘿，是要他們設法跟蹤邦迪，或是要他們送她回家。此時卡蘿鼓起勇氣說：「帶我去警察局。」於是老夫婦帶她去警局，而卡蘿的命運轉變成「那個逃走的女孩」。

腎上腺素是神奇的東西，它讓你突生驚人的勇氣甚至力量，可是它不是計畫，你應該把腎上腺素當作計畫的補充劑。卡蘿雖然沒有計畫，但本能（原始的或戰或逃、急如星火、被腎上腺素點燃的能力）將她求生的需求轉變成行動的超高能量。卡蘿因為採取果斷的行動，拯救了自

己的性命。

摩加迪休，索馬利亞

　　我在激烈交鋒的炮火中跑進一條街，直接對著敵軍衝過去，而且身上依然揹著 80 磅重的裝備。聽起來好像很勇敢，但我不是這麼看的。這件事需要完成，而我知道自己是能夠做到的人。而且我知道計畫──儘管有些粗陋──拚老命跑到豪依身邊，抓住他的裝備背帶，然後把他拖回（相對）安全的我軍地盤，交到醫護人員手上。所以，深呼吸一口之後，我盡可能迅速的行動，對著豪依遠端的交叉路口開槍射擊，以壓制敵方炮火，心裡信任自己有能力做好這件需要完成的簡單任務，也相信自己有平安無事的運氣。至今我還能清晰回想那時體內爆發的能量，我飆著汗，被負重沉沉壓著，朝受傷的隊友跑過去。我看得見灰撲撲的街道、巷子裡刷了石灰的磚牆，豪依就側臥在泥土之中。

　　我抵達時赫然發現軍醫鮑伯就在我身旁，其實我不該驚訝──在接下來 18 小時的戰鬥中，我發現自己身邊俯拾皆是英勇事蹟。我射中兩個敵軍戰士，然後往下看，發現鮑勃丟下醫療包，準備動手處理豪依的腿傷。可是我們簡直像是位在近距離射擊靶場內一樣，真的不是治療的

地方，換句話説，這時候改變我最初的計畫不是個好主意。我説：「別弄了！把他拖去角落。」我沒等鮑勃回答，就抓住豪依的背帶（我們叫它韁繩，作戰時穿在身上），然後開始拖著面朝上的豪依往安全線跑。豪依身上也背滿沉重的裝備，我跑得筋疲力盡，但始終沒有改變第二步驟的焦點（此時已經推進到當下的焦點）：把豪依拖回安全地帶。我的心靈之眼看見自己的雙腳和豪依的身體滿是泥土，他被擊碎的腿流著血淌在街道上，跑這段路的感覺像是永遠那般漫長。總算回到我們的交叉路口，終於能夠將他拖離交戰區。我胡亂扶著豪依倚在最靠近的牆上，把他留給鮑勃照顧，然後回去繼續盡我的職責。

你也能發揮非比尋常的勇氣。當時機到來時，你會的。屆時你會像我一樣，因為擁有一項計畫而順利完成目標。別等到太遲才計畫，犯下和卡蘿一樣的錯誤。你很可能問自己：怎麼做？我在危機之中要怎樣才能召喚所需的勇氣？

專注自己的計畫

你一旦擬好計畫，即使是在幾秒鐘內倉促做成的計畫，就不要再多想了。就是這樣，做就對了，採取行動。就像我在摩加迪休街上做的一樣，就像毫無格鬥經驗的小

淑女卡蘿在鹽湖城街上做的一樣。

　　特種作戰人員信奉一條準則：速度、膽量、暴力行動是成功的要素，我在極端戰鬥中就是靠實踐這條準則活下來的。以你為目標的潛在歹徒或許有過犯罪經驗，但是相信我，他們還是會害怕。更可能的情況是，對方並沒有經驗，而且事實上還很焦慮，也許正受到酒精或毒品的影響（邦迪發動攻擊之前就喝了很多酒），這一點可能對你有利。如果你迅速、果斷地採取行動，便能先發制人，使攻擊者轉為劣勢。行動時要出奇不意，你的果決和奇襲不需要肢體接觸，但立刻就會使對方明瞭你願意和他鬥一鬥。突然出招也有阻止實際打鬥的效果，你震懾對方的時候，相信我，他的信心會瞬間蒸發，換你奪回控制權；恭喜你。還要記住一點，碰到犯罪和威脅時，沒有公平戰鬥這回事，你必須利用「每一項」優勢。

　　說是這麼說，當你面對險峻的情況時，說起來容易做起來卻難。要克服恐懼，最好的方法就是回歸計畫，這就是未雨綢繆事先做計畫的原因。當你有了計畫，就「知道」要怎麼做，你已經有了準備，可以果斷採取行動。在你動手之際，先在這裡暫停一下，想一想你在「原則四」的練習場景中所做的任一項計畫，當時的第一步是什麼？把焦點放在你做過的某項特定計畫，如果願意多花 1 分

鐘，那就將你從威脅情境抵達安全目的地的所有步驟都寫下來。

在那項計畫中，需要你移動或採取行動的第一步是什麼？想像你自己處在那個情境中，做需要你做的第一件事。再次恭喜你，因為你剛剛已經找到個人勇氣的來源了。在真實生活中，你的計畫可能會（也常常會）拯救自己或別人的生命。在行動過程中，隨時改變計畫也沒有關係，所以你的行動可能會和原先預想的不同。把焦點放在下一步該做的事，你就能壓下心裡的驚慌和恐懼，因為你已經把注意力鎖定你「能夠」做的事，而不是「可能」發生在你身上的後果，或是操心自己控制範圍以外的東西——這些是你的恐懼來源，可能阻礙你採取行動的能力。

加州卡諾加公園

Shop an' Spend 雜貨店的人質海克特和其他幾個人質被關在女洗手間裡，一個青少年揮舞手槍，槍口對著他們，而他的同夥則在廁所隔間裡企圖強暴一位女性人質。還有兩個歹徒搶了錢，已經逃之夭夭。

　　廁所隔間裡，嚇壞了的女孩還在求救，攻擊者脫去她的衣服，企圖強暴她。海克特和與他眼神接觸過的員工彼此點點頭，他們就站在 15 碼外的地方，怎樣也不能袖手旁觀，任由女孩遭到歹徒強暴。點頭的瞬間，他們交換了需要的所有訊息。海克特說不出究竟是誰先出手的，可是不重要，反正他們開始攻擊那個把風的武裝歹徒，對方被嚇到了，他開始反擊，不過兩個男子意志堅決，他們在行動的過程中「知道」需要做什麼；他們毆打歹徒，手槍飛出去在地板上滑走。這兩個出於必要而行動的普通男子成了英雄。另一個人質雖然不懂槍枝，仍然在海克特與夥伴壓制罪犯時，撿起手槍不讓歹徒拿到。

　　在這場動亂之中，負責貨品上架的店員一直躲在洗手間外面的商店某處，等瞧見兩名罪犯逃走就出來了。他走進洗手間時，裡面打得正凶，他的同事和海克特現在正和意圖強暴犯打鬥；那名歹徒大吃一驚，他可能太專心要強暴那個女孩，沒想到局勢已經逆轉，等他發現時已然太遲了。其他的人質也動了起來，正和把風的青少年搏鬥。有人趁機報警，混亂之中意圖強暴犯掙脫對手逃出店外，而最後一個罪犯寡不敵眾，他被壓制住並鎖在女洗手間裡，等候警方前來處置。

　　假如海克特和其他人沒有採取行動，很難說會發生

什麼事，至少那個女孩肯定會慘遭強暴。根據我自己和變得暴力的男子打交道的經驗，男人一旦跨過某條界線，就能夠變得更凶殘。所以那些歹徒可能在強暴之後，決定殺死所有人質，由於人質都關押在狹小房間內，兩個歹徒又有手槍，集體殺戮既方便又容易完成。無數研究證明，手上握有權力的罪犯（尤其是年輕男性），只會變得越發暴力，若是有共犯更容易暴走。

事實真相是，如果出現威脅，你應該料想得到威脅來自一個或一群男性。我自己在旅行中確實在近得嚇人的距離下和惡魔般的女性短兵相接過，可是以暴力和犯罪活動（最糟的情況是兩者兼具，也就是暴力罪犯）而言，你必須注意男性。一整群暴力女罪犯太少見了，你大概必須是歐洲小國的民選首相，才有機會見識到。回顧人類社會歷史，暴力總是由男性發動，當男子成群結隊或人數龐大時，暴力行徑最為凶殘。

關於靈長類群體（包括人類在內）的暴力，蘭漢姆與彼得森的書是這樣寫的：「走在空蕩蕩的街頭，搶匪從陰影中走出來，你感受到恐懼；此時罪犯和被害者心裡可能在快速盤算同一件事，他們都體認人數的重要性。」

正因為如此，在如此重要的行動中，如果你這一方人數取勝，就要好好運用——若是人數不夠，就去揪人。

在此同時，我們來看兩個欠缺人數優勢的被害人，看他們在面對危機時怎樣應變，地點離上述意圖強暴案並不遠。

加州威尼斯海灘

　　喬依仍然潛逃，在附近的海灘社區尋找被害者。艾煦莉不智的放喬依進公寓，之後他在社區洗衣間攻擊她未遂；艾煦莉使盡所有力量反抗（行動），尖叫引來他人相助，拒絕淪為被害人，成功阻止喬依的罪行。喬依逃走（真是個懦夫）之後，又接觸第二個目標珮悌，在她家公寓大門等候。不過先前已經講過，珮悌不像艾煦莉那麼傻，放喬依進去，當喬依對她施壓，要求放他進去時，珮悌採取第一次行動，只不過是口頭上的行動。

　　那天稍晚，喬依企圖闖入珮悌的臥室，這回珮悌的行動更勇敢：她拒絕放棄，最後把喬依打跑了。依我這個專家的看法，珮悌已經成為英雄，刑警史妲絲基也認同，她曉得反抗和報案這兩件事互不相關，卻都是勇敢的行為。至此洛杉磯警察局雖然還不知道喬依的身分，但已經開始對這個人產生警覺，而珮悌在臥室窗口和喬依打鬥時，兩人距離只有區區幾吋，所以能仔細觀察喬依，事後提供史妲絲基很詳實的描述。

　　喬依受挫兩次，又接著尋找他的下一個受害者（他

和所有地方的強暴犯和罪犯一樣，除非被永遠阻止，否則將會繼續犯案。）由於兩次未能得手，喬依很生氣，兩個女子阻礙他獲得自覺應得的東西：順從的受害者。兩星期之後，他再度使出標準伎倆，企圖犯案。

麥荻蓀（Madison）是另一個 20 幾歲的女郎，她的髮色是淺金色。這天麥荻蓀下了班回到公寓，正在開大門時，喬依要求她讓自己進去。這一次他刻意等候晚回家的受害者，時間已經過了晚上七點，外面天色幾乎全黑了。

麥荻蓀說：「當然可以。」她雖然注意到這名男子有些鬼祟，但沒有像珮悌那樣拒絕，反而聳聳肩沒有在意，逕自回到公寓裡，不過她覺得彷彿「大門邊的傢伙在盯著我看。」麥荻蓀和另外兩位被害人有一點不同：她有室友，只不過當晚室友出去約會了。麥荻蓀隔天要上早班，所以決定早一點上床。她們的公寓和先前的被害人一樣，都是位在一樓，窗戶對著建物外側。夜裡十點鐘左右，麥荻蓀被聲響吵醒，她以為是室友在廚房發出聲音，接著又睡著了。

她打了一個盹，驚醒時赫然發現有個男人已經在她床頭。麥荻蓀立刻反抗，可惜太遲了。雖然她比另外兩個女子嬌小，卻也沒有放棄掙扎，打鬥之中她對歹徒又咬又抓。歹徒完事之後迅速從前門離開。

　　麥荻蓀既幸運也不幸。幸運的是（這純粹靠機運），強暴她的人不是邦迪那種謀殺犯；不幸的是，她沒能像前兩位受害女子那樣及時採取行動，防止侵犯發生。儘管如此，行動永遠不嫌遲，即使已經遭到攻擊也不例外。像麥荻蓀那樣反抗，或是任何形式的行動都有益處，而且可能十分重要，因為如果你不採取行動，任由自己被歹徒控制，那麼你就是把自己性命的控制權交給別人。麥荻蓀雖然無力阻止強暴，但她不僅沒有放棄，而且有勇氣報警。後面我們會看到她在被害時的行動（抓、咬對方），到頭來如何還給她公道。

如何引導你內在的硬漢

　　「原則五」的宗旨是萬一碰到必要採取行動的情境，讓你備妥最佳心態。我最初決定要寫這本書的時候，就知道最好的方式是除了表達我個人的專業見解之外，還要效法我有幸服務過或遇見過的三個獨特群體，擷取他們的專門知識。他們的集體智慧散見本書各章節，然而對於個人安全最有價值的部分，莫過於如何採取行動。

　　了解來自美國特種作戰部隊（SOF）的關於速度、膽量、暴力行動等等的座右銘：

　　（1）第一個祕訣是我最強調的，那就是 SOF 信奉的格言：「速度、膽量與暴力行動」。其實這句格言已經存在多年，整部軍武史冊都以它為尊。這句話甚至寫進美國陸軍的野戰手冊《作戰》（Operations, FM 100-5）。如果你睡不著覺，不妨利用這本手冊助眠，因為野戰手冊再枯燥不過。撇開那個不談，這句座右銘並非暗示你在必要時需要訴諸暴力，而是要你全心全意投入你的行動。結合計畫與投入，你就能夠更果斷的行動並且掌握先機，而掌握先機就意謂你取得控制。

　　（2）與上述有關但其實獨立的座右銘，那就是順應你的衝動。當你感到有一股衝動想以某種方式行動，或是採取特定的行動程序，那就聽從吧。難以抑制的衝動最可能源自你的直覺和本能（或戰或逃），如果這兩樣都在呼喚你，那是因為直覺永遠會自己冒出頭來，為的是拯救你的性命。所以你務必好好聽著。

　　（3）直接面對敵人。攻擊幾乎總是在背後發動，或至少在被害人不注意看的時候發生。邦迪大多時候都是這麼幹的。如果你跑不掉（可能的話，跑掉幾乎永遠是最好的行動），那就直接面對，這麼做反而會給你一些優勢。

179

（4）尋找隊友。我這裡指的是你應該永遠尋找能夠幫助你的人。我們已經在前文確認過，碰到危機時，人數多寡很重要，不過什麼樣的人也同樣重要。即使只有單一個警察，他所能發揮的作用可能大於一群普通老百姓；但是你也要明白，任何具有公務身分的人，譬如停車場管理員或經理，都可能斷然翻轉局面。話雖如此，你這邊的人數還是越多越好。

前中央情報局探員維多莉亞如此善用她內在的間諜英雄龐德（James Bond）：

（1）我們已經說過，在可能碰到危險的情境中，渾然忘我的玩手機對你很不利。不過忠言逆耳，你大概還是改不掉這個習慣，既然如此，乾脆在緊急時迅速把手機轉變成你的優勢。**如果有人跟蹤你，或是你認為即將和歹徒正面對峙，請趕快使用手機。**可以的話，第一個就要打給警察，不行的話也沒關係，隨便打給誰都行，最好打開免持聽筒的擴音功能，這樣對方可以聽見發生什麼事，事後可能會有幫助（見「原則六」），此外這麼做也會讓歹徒發現牽涉到更多人，其實這也是事實，雖然很微妙，但用這一招對付人性是很有效的心理攻勢。萬一沒有人接電話怎麼辦？那就假裝：「寶貝！你 3 分鐘內可以到這裡嗎？太棒了，因為這裡有個混蛋在騷擾我……」你會知道該怎

麼裝，就像要贏奧斯卡金像獎那樣。

（2）與敵人對槓。維多莉亞和我認識的其他女性諜報人員都了解，主動展開對話而不要等待對方出手，可以在心理上扭轉局面。語氣強硬的詢問對方：「我能幫你嗎？」「你為什麼跟蹤我？」不要怕罵髒話，因為那也會改變別人看待你的方式，而任何能使對方停頓下來的都是好事。「Ｘ你Ｘ的有問題嗎？」

（3）不要妄動。維多莉亞擁有多年在海外執行任務的經驗，她推薦一個有些違反直覺的重要祕訣。肯亞是個充斥搶劫和搶車罪犯的國家，維多莉亞在那裡學到一件事：如果歹徒要的是你的錢而不是你的人，那就破財消災吧 [6]。維多莉亞說：「奈洛比（肯亞首都）有些路段是圓環，在某些交通條件下，你可以預料有歹徒會來劫車。我認識一個人，在車子被歹徒搶走之後，還問搶匪能不能留下他的手機，好打電話找人來接他，沒想到搶車的歹徒真的讓他把手機留下來。」我們會在「工具一：有備無患」那一章多討論一些策略，教你如何對抗或阻止搶劫與其他型態的犯罪。

---

6 身上財物（包括車子）給搶匪，和把你對自己和自己身體的控制權交給對方並不一樣，後者是你絕對不應該做的。

　　警察局的刑警史妲絲基指點你如何避免淪為犯罪被
害人：

　　（1）如果你發現自己有疑慮，立刻停下來。例如「我
不確定是否應該 ＿＿＿＿＿＿。」把你能想像到的任何事情
填入空白，譬如：「讓他進來」；「開我的門」；「讓他
請我喝飲料」。像這類疑慮出現時，很可能意謂你需要採
取行動了。無論如何，先停下來，評估自己是否碰到問題
了。

　　（2）盡早行動，不要延遲。假如海克特把要買的東
西全部扔下，立刻離開結帳櫃台，本來大可拯救自己和其
他人不受傷害。等到了商店外面，他可以報警，完全改變
搶匪和強暴犯的動能。卡蘿一開始雖然上了邦迪的當，可
是如果她那時還在購物中心的停車場，就算和邦迪爭辯，
事後也能逃走。後來卡蘿這樣敘述：「我一進車裡，就知
道自己犯了錯」，可惜那時已經來不及行動了。

　　（3）一旦付諸行動，你就從歹徒那邊奪回權力，你
做任何阻撓其計畫的事情，都對你有好處。這麼做起碼可
以擾亂對方的計畫，最好的情況則是徹底阻止歹徒犯案。
就像史妲絲基刑警說的：「破壞他們的計畫或遊戲，那會
使他們失去繼續作惡的能力。」在長達 25 年的打擊犯罪
歲月中，史妲絲基一而再、再而三的見證此事。

（4）永遠不要停止反抗。如果你遭到攻擊，務必反抗，就像卡蘿、艾煦莉、麥荻蓀那樣，此舉對後果差別很大。有時候反抗會成功，有時候不會，可是你曉得你已經竭盡所能了。這是很重要的考量，我們下一章會再深入討論 **7**。「永遠不要停止反抗，因為你不知道歹徒會在哪一刻放棄（像珮悌的案例那樣），而對方也不知道你何時會放棄。你要讓歹徒覺得你永遠不會放棄。」史妲絲基不斷聽罪犯這麼說：「反抗者」總是給他們帶來麻煩，也可能引起別人注意，事實上還可能嚇到他們。到頭來，要不要反抗是你個人必須做的決定，可是犯罪專家和我都同意，**反抗的壞處非常少，而屈服則全然沒有好處**。（唯一例外是只偷財物的情況。）

結論

當你發現自己處在令人害怕或有威脅的情境中時，一旦擬定計畫，那麼你的行動就已經很清楚了。記住，你擬定的計畫就是最好的計畫，不要質疑，相信它，用它來

---

7 我在戰鬥中就有過親身經歷，例如情況不如人意，或有人殉難，或任務失敗。不論結果如何，我依然知道我沒有放棄，直到戰鬥結束為止。聽起來有點像是自我安慰，不過這麼做很重要。

拯救你的生命。除非已經安全或找到你需要的幫手，否則
千萬不要停止計畫。第一步先做你需要做的事，然後進行
第二步，一步一步做下去。如此一來，假如形勢必要，你
就會成為英雄——也許是自己的英雄，也可能是別人的英
雄——這就是英雄的由來。

「原則五」和你所採取的行動，是你截至目前從本書
學習到的一切總和，這項原則就是為了在你最危險的時候
（危機「之中」）保障自己的安全。即使你還記不住其他
原則，但是行動時刻所需要做的很多事情，其實早就與你
共存很久了。我希望你至少多了解一些與生俱來的力量，
了解之後就會變得更有信心，並且有能力採取行動。

這一章沒有附練習，原因是你所需要的務實知識和練
習，都已經包含在前面的原則中。我鼓勵你回頭複習那些
章節，把每一章的練習再做一做。但是不要就此止步，而
是要以它們為起點，唯有熟悉如何運用情境覺察、直覺、
計畫技巧之後，你才有採取恰當行動的最佳機會，然後平
安脫險。練習得越多，將這些新技巧量身打造運用在自己
的生活中，進而保障安全的機會就越高。所以慢慢來，多
花一點時間，利用你的想像力。

在你應付威脅或危機時，一旦採取行動了，還有最後
一個步驟；你務必了解，即使已經脫離立即危險，但事情

還沒有結束。接下來個人的復原、心靈的平靜、你的正義
感，都是很重要的部分。這些將會放在最後一項原則「兩
個 R」那一章討論，我們會更深入探討為何要追求這些目
標，以及達成目標的方法。

兩個 R ——
重整旗鼓與復原

阿拉伯半島某地

碰！碰！碰！三聲槍響使這座阿拉伯市場裡歡欣熱絡的活動嘎然而止，更在比利座車的副駕駛座位窗玻璃留下緊密的蛛網紋路。刺客開槍之後頭也不回地離開，旋即消失在人群之中。

比利的休旅車裡只出現短暫但窒人的死寂，接著立刻被一連串專家行動取代。他們需要移動，馬上。如果接下來發生其他的事，一定就是在他們坐著的那個地方，也許再過幾秒就會發生，所以在原地停留無異自找死路。

駕駛將車上檔（引擎早就開著），迅速駛離原地，匯入街上的車流，車上其他的人繼續緊盯周遭，尋找下一

個威脅。比利很快透過窗戶掃視外面，包括碎裂的副駕駛座窗玻璃，探查接下來可能發生的事故，最可能的情況是來一輛載滿炸彈的車子，將他們全部炸死。一個隊員用手機呈報這次的暗殺未遂事件，並且傳遞最重要的資訊：所有隊員毫髮無傷，正要返回他們的祕密安全住處。休旅車穿過擁擠的車陣，留下驚魂未定的人群，比利和他的小隊絕塵而去，消失在燠熱的阿拉伯鬧市中。

重整旗鼓

比利和小隊剛剛經歷一場謀奪仳們性命的暴力、毀滅性刺殺，不論這事件究竟如何發生，也不管他們錯失了什麼先兆，接下來最重的是遠離攻擊地點，確保他們的安全，然後才能採取必要的步驟，判斷自己是否依然處在危險之中。此時小隊忽視其他的一切，包括先前犯的錯誤，只把焦點放在現在需要做的事。

事實上，小隊正在重整旗鼓。

先跑再說

碰到任何潛在威脅、對峙或攻擊，你所能採取的最重要行動，就是把自己保出來。本書前言曾經指出我避開籠統的計算，可是有一項公式卻深得我心，這本書中你唯

一需要了解的數學就是它：**距離＝安全**。請你把這個公式學起來，了解它、實踐它。事實就是離危險越遠、越早遠離威脅，你就越安全。Shop an' Spend 的英雄海克特當初如果聽從自己的直覺，在結帳櫃台掉頭就走（避免潛在攻擊不會讓人變成懦夫），那才是最安全的做法。因為商店外面等於安全隔離的距離，海克特大可在出來之後報警處理，那他照樣是英雄。保持距離太重要了，所以我當初為「原則六」命名時，寫的是「三個 R」，還有一個就是「先跑再說」（Run），它與另外兩個 R 是分開的，事件發生之後應該採取的第一個行動就是它。

　　你也可以把逃跑想成一種提示：脫離直接殺戮區（我們在軍隊裡稱突襲地點為直接殺戮區）並不等於安全，你要一直跑──靠雙腳、靠火車、靠開車──因為距離（即跑走）就是最好的安全規範，確保你不是靜止不動的目標，任憑歹徒攻擊或追逐。逃跑也適用於有人企圖闖入你家，或是誘騙你打開公寓大門的情境。逃出自己所在的房子很可能是最安全的行動路線，或者像比利的小隊所採取的行動，利用車子逃到安全的地方，因為老實說，即使是對抗恐怖份子的專業人士，碰到必要的情況，也是三十六計走為上策。

重整旗鼓

如果你已逃脫或避開惡劣情境，這時候可別犯新手的錯誤：放鬆自己的防備，或是想要立刻回到正常狀態。如果你覺得該事件的威脅性真的很高，那麼你將會經歷腎上腺素狂飆或是腎上腺素的殘留效應，感到疲憊，渴望解脫。然而這正是你需要保持警戒的時候。

重整旗鼓意謂盤點你的情境、拿出你的機智。一旦脫離那個殺戮區，就要開始問自己問題：你周遭的新情境是什麼？你真的已經擺脫威脅，安全無虞了嗎？你是否已抵達渴望到達的目的地或最終目的地？現在是報警或通知別人的時候嗎？如果你有同伴，要確認對方的情緒和身體是否安好。

重整旗鼓所需要的，不外乎應用你已經學會的保平安原則。查看四周，動用情境覺察探知新環境；傾聽你的直覺，因為剛剛發生事故，你的直覺比過去敏銳；評估新的情境。假如你還沒有完全脫離危險，那就再回頭檢視我們討論過的那些原則。或許你發現自己正處在「原則三」，判斷自己是否「依然」有問題（歹徒仍在追趕你嗎？）或是又出現新的問題（你到了城裡不一樣的地段，那裡也許不太安全）。如果是這樣，那就趕快進入「原則四」，擬定另一項計畫，然後再遵循「原則五」採取行動。

　　重整旗鼓和逃跑不一定是分開或彼此互斥的步驟。你可能在逃跑後不久就開始振作起來，然後明白下一步需要做的是繼續跑遠一點，讓你自己遠遠離開事故地點。雖然逃跑就像字面意義那樣，為保命而跑走，但是距離依然是關鍵。歹徒選擇一個地點發動攻擊，通則是會一直追趕被害人，直到歹徒自己放棄為止，「原則五」談到反抗的價值時，就解釋過原因：歹徒追你越久、越賣力攻擊，他們就越容易暴露，而罪犯都討厭暴露自己。這裡的關鍵是一直移動，直到你覺得安全才停止——這就要靠你的直覺和本能了，專心傾聽，然後你才能盤點現狀，開始消化方才發生的事故。

復原
報案

　　事故之後，展開復原過程的首要之務（儘管多數人經常不樂意這麼做），就是向有關當局報案。你需要報告事故發生的始末，這對普通老百姓來說往往很困難。我們特種部隊特別熱中跟進「任務歸詢」（After-Action Reports），還有進行「熱洗」（hotwashes）。（「熱洗」是我的圈子所使用的術語，本來的意思是隊員站在飛機旁邊，仔細分析剛剛完成的行動任務——基本上就是行動一

結束，趁每個人對剛才發生的一切記憶依然鮮明，飛機螺旋槳仍然在旋轉，引擎排出的廢氣「洗滌」你全身的時候，講述剛剛的事件與行動的過程。後來這個術語慢慢演變，現在它代表所有相關人員認真的反省錯誤與成功。）在特種作戰攸關生死的行動中，我們就是靠這個方式改進，也靠它避免重蹈覆轍。

如果你經歷過竊盜案，或真的遭遇攻擊而僥倖逃走，那麼基於三個理由，務必向有關當局報案。第一，這是唯一能將歹徒繩之以法，並且防止他們未來繼續傷害別人的辦法。第二，這是「熱洗」的正式途徑，讓你重新思考事故的始末，從中記取教訓。生活將會繼續，而了解如何避免錯誤並且改進，是很有價值的一課。第三，這是完整復原的一部分，也是健康療癒過程的一環。我的職業生涯中經歷過極端暴力的戰鬥，那些經驗將與我的餘生共存，就像其他從戰場上退下來的官兵和犯罪被害的老百姓一樣。我花很長的時間分析和分享戰鬥或任務之後的評估與結果，比利差點被刺殺那一次，我剛好是他的指揮官，事後我們花很長的時間分析那次任務、導致刺殺行動的條件，以及其後果。有時候這些事情雖然讓人很痛苦，卻有幫助。

報案也會通知你的潛意識：你正在採取行動，而這項行動有助減低創傷。即使你的行動無法在司法系統或其

他主管機關內部創造任何效果，你仍然已經對阻止攻擊盡了一些力；你已經採取行動了。這一點我再怎麼強調都不為過，所以在此重申一次：不論你覺不覺得正義得到伸張，也不管是否成功防止別人未來遭到攻擊，你的心裡知道自己做了正確、正義的事情，這是有益心理的。話雖如此，向警察或其他機關（例如大學或醫院的主管人員）通報事故，你依然可能感到很困難，甚至受到二度傷害，而縱使報案有其必要，卻不會減少任何一丁點困難或受傷的感覺。不論罪犯未來是否會被起訴，正義是否得到伸張，你的案件是否受到重視，你是否被指責自作自受，肯定都會讓你一想起來就害怕，我在這裡說的一切都不能改變這一點。史妲絲基刑警有多年偵查性犯罪、搶劫、入室竊盜罪的經驗，她與我分享報案的重要性：「給我們機會將嫌犯繩之以法，這是你欠你自己的。如果不這樣做，如果沒有人曉得，那歹徒百分之百會逍遙法外。」

加州威尼斯海灘

　　艾煦莉、珮悌、麥荻蓀三人各自與強暴犯喬依有交手的經驗，她們的共通點是都有膽量報案。假如艾煦莉沒有報警，史妲絲基刑警就不會曉得喬依特別針對這個區域犯案；若是珮悌沒有報案，史妲絲基就沒有能夠指認喬依臉

孔的證人，因為麥荻蓀始終沒有看見喬依的臉。這三位被害人當中最勇敢的麥荻蓀提供最後的、無可辯駁的 DNA 證據，加上從艾煦莉手指甲採集到的樣本，以及她與喬依打鬥時在對方身上留下的傷痕，終於讓喬依俯首就擒，最終他被判有罪定讞（此案開庭時這三位女子全都出庭作證），入州立監獄服刑。喬依自作自受，希望未來 10 年他都在牢獄中親嘗犯罪的苦果。

加州卡諾加公園

警察抵達 Shop an' Spend 雜貨店，將把風的罪犯收押，拜海克特（以及所有被害人）的證詞與協助之賜，警方透過幫派份子聯絡到其他三個罪犯。最後三個男罪犯都被判有罪，女罪犯則轉為控方證人，後來遭到她自己的幫派謀殺。海克特學習到永遠不要忽視自己的直覺，至於差點被強暴的被害人對海克特和那個見義勇為（英雄行徑）的員工非常感激，他們在槍口下拯救她不受到更慘烈的經驗，甚至可能救了她和其他人質的性命。

有些地方你就是不能指望和料想的一致，假如你在

海外旅行，應該對這項現實做好準備。所以眼看賽車美夢
消失在墨西哥高速公路上，我對於在當地伸張正義的期待
並不高。如果是在美國，竊車案發生之後，高速公路巡邏
隊只要利用無線電迅速溝通，短短幾分鐘內就會攔下竊車
賊；反觀在墨西哥，我們報案之後，兩個態度冷淡的警察
過了一個小時才回應，那時竊車賊早就人間蒸發了。第一
個警察懶洋洋地跟我們打招呼：「發生什麼事？」「噢，
我不知道，我們的車子和全部的東西現在可能都已經進了
汽車銷贓店？你們又發生什麼事？」

復原

　　報案只是朝更重要的目標邁進一步。遭到攻擊或創
傷之後僥倖脫險，接下來為了個人福祉著想，你最終的目
標是復原。有時候事故在很短的時間內降臨又遠離，只留
下很小的傷疤──艾煦莉在公寓洗衣間的可怕遭遇就屬於
這一種；儘管此事帶來創傷，她沒有陷在千鈞一髮的感覺
中無法自拔。對麥荻蓀而言，被強暴的記憶永遠不會消
失，這件事永遠改變了她，可是她恢復過來，事後也結婚
生子，過著快樂但更為謹慎的生活。

　　我在自己的生活中親眼目睹過駭人的事件，參與過改
變靈魂的暴力行徑。這些傷疤永遠不消，從哲學的觀點來

說，即使是為了正義或必要性，殺人總是負面經驗。至少我已經發現，殺人沒有正面，也沒有優點，我思索這個主題很久，直到今天，心裡依然承受倖存者的罪疚感，一次又一次檢討我犯的錯誤。有很長一段時間，我每天都憶起最暴力的一些場景，後來慢慢變每週一次，然後每個月一次，最終它們很少再進入我的思緒中。時間的特點在於它會消逝，創傷的銳角會在時間的長河中慢慢磨圓、磨平，這是好事。

我從暴力回歸正常的復原之路，也證明了這是一趟沒有目的地的旅程。並不是說我沒有找到獲得平靜的辦法，而是說復原將是一件永遠進行的事。每次我以為總算到達終點，沒想到只是短暫的停頓。即使到了現在，有些暴力事件已經過去數十年，我仍然有感到憤怒的時候，甚至出現莫名其妙想把全世界燒光光的念頭。其他時候，特定的景象、歌曲或氣味（可能毫無預警襲來）會引起一些情緒，令我在公共場所十分尷尬。某些演奏國歌的場合哪怕再老套不過，卻每每令我情緒波動，這和合宜的愛國主義無關，但與我所失去的特定友人關係密切，他們有些死於戰鬥，有些因為創傷後壓力症候群（PTSD）而走上自殺的絕路。

我在生活中發現對我有幫助的人和哲學思想安全港。首先是和我一同經驗創傷的隊友，因為他們身上帶著相同的傷疤，在這方面最了解你。第二個是我的妻子，她比任何人更清楚我這個人，包括我所有的缺點和傷痛，卻依然愛我如故。儘管她對戰鬥一無所知，仍懷抱無限的包容，徹底接納我。不過你不需要結婚，也不需要擁有戰友，一樣能找到同樣的支持。你可以求助倖存者組成的支持團體或是專業機構，一開始不妨從美國退伍軍人事務部（Department of Veterans Affairs）或全國性侵犯電話熱線（National Sexual Assault Telephone Hotline）著手。你可以在那些地方找到和你有類似經歷的人，他們會理解你。

　　當我還未認識妻子之前，獨自處在心裡最黑暗的時刻，是在泰國的佛教寺廟找到自己的平靜和復原。有好幾年的時間，我有幸常常去那個可愛的國度工作和旅行，發現在廟裡靜坐一、兩個小時，探索小乘佛教的哲學，帶給我巨大的安慰和寧靜。這種情況至今仍未改變，因為對我來說，小乘佛教並不是宗教（我沒有宗教信仰），而是一種方法，使我了解自己周遭的世界和個人經驗。別人可能從宗教本身找到撫慰，其他人可能在哲學或冥想中尋回寧靜。

強暴案倖存者、戰役老兵、大規模槍擊受害者，以及其他創傷事件（譬如車禍）倖存者，他們所分享的不是經驗，畢竟個別差異很大，他們分享的是追求復原的這項價值觀。你必須容許時間慢慢流逝，因為時間確實療癒傷痛，有時甚至能完全弭平傷疤。這本書無法提供廣泛答案所需的專業知識，針對創傷後如何完整的復原，也提不出盡善盡美的情緒與心理途徑，只能向讀者説：尋求協助。我自己便尋求了援助，我認識一些復原情況最好的戰役老兵和攻擊（包括性侵）倖存者，他們都向別人學習。假如你不想找專業人士，那麼朋友和家人也能幫助你，將創傷經歷藏在內心裡並沒有好處。

史黛兒（Amber Stell）是有執照的社會工作者，她是猶他州奧格登大都會警察局（Ogden Metro Police Department）的被害者代言人，在協助人們度過創傷方面有多年經驗。史黛兒説：「藏在心裡不説是一種錯誤的安全感。不把心事説出來，會使你孤零零以不健康的方式，一而再、再而三的反芻這件事。我認為這種做法像是開腸破肚，迫使他們再度成為被害者。」

史黛兒相信這樣做不對，被害者應該走出去，願意與人分享自己的經歷，哪怕是痛苦的經歷也不迴避，這樣才能進入自給自足的復原循環，因為「當你這樣做（走出

去）就會獲得韌性，也有能力去做別的事情。」此外這麼
做之後，負擔也會變得比較輕。

　　復原之旅的另一個步驟，是面對加害你的惡魔，或者
説是以歹徒的面貌施暴的惡魔。犯罪和生活不一定總是給
我們這樣的機會，原因有很多，不過若是能做到，將會非
常有價值，不只是為了你自己，也為了其他不認識的人，
有些人你甚至永遠也不會知道。

科羅拉多州亞斯本；佛羅里達州塔拉哈西；猶他州鹽湖城

　　卡蘿坐在證人席的椅子上，面對差點殺死她的邦迪。
這是 23 歲護士康普貝兒（Caryn Campbell）遭謀殺案件
的審判庭，康普貝兒在科羅拉多州斯諾馬斯村（Snowmass
Village）滑雪度假區滑雪時，邦迪假裝受傷，誘騙康普貝
兒幫忙他把滑雪靴放進車子，然後趁機綁架她。五個星期
之後，康普貝兒的屍體被人發現，當時邦迪因為在猶他州
企圖綁架卡蘿，已經被判有罪，這次科羅拉多州為了康普
貝兒的謀殺案，將邦迪引渡到亞斯本（Aspen）受審。邦
迪不僅以被告身分出庭，他還擔任自己的辯護律師，因而
得以在法庭上對已經 20 歲的卡蘿交叉詢問。

　　卡蘿説：「他非常傲慢。我想他一定以為自己可以

完全脫身。」可是卡蘿矢志替其他被害人討公道，這給了她面對邦迪的勇氣，對方試圖質疑她的證詞，詢問她如何能確定接近她並攻擊她的人就是邦迪。卡蘿眼神堅定的與邦迪對視，表示那個人毫無疑問就是他。

那次邦迪本來很可能被判有罪，可是他在審判期間越獄成功，不止一次，他逃走兩次，因此科羅拉多州的案子永遠成了懸案。邦迪開始逃亡，搭公車、火車、飛機，希望逃得越遠越好，最後他偷了一輛車子，逃到了佛羅里達州。邦迪在佛羅里達州殺了兩個女大學生聯誼會的會員，以及一個 12 歲的女孩，之後因為駕駛偷來的汽車被交通警察攔檢，這是他最後一次落網。邦迪在佛羅里達州的塔拉哈西市（Tallahassee）為他所犯的最後三宗謀殺罪出庭受審，開庭時卡蘿發現自己再次面對邦迪（他在大多數審判案中擔任自己的律師）。邦迪數度企圖恐嚇卡蘿，但是都未得逞。

面對那個想要殺死她、現在又在法庭一臉仇恨隔空瞪著她的男人，卡蘿是怎麼熬過來的？她說：「我竟然擁有熬過那一切的力量，自己也感到很吃驚，可是我有很多的支持。」除了決心伸張正義之外，她最後那一句話證實長期復原的關鍵所在，那就是尋求支持，專業被害者代言人史黛兒也深表同意。

　　正如卡蘿的故事所顯示的，出審判庭對被害者來說可能很嚇人。然而根據史黛兒的說法：「真正經過那套程序並看到最終結局的人，會覺得有成就感。當然，沒有人希望可怕的事情發生在自己身上，可是當他們真正熬過（法庭程序）──過程漫長又艱辛──每一步都會建立信心，每一步都會讓他們找回創傷之前的一小部分自己。」追求正義是復原的重要部分，正義獲得伸張當然有助復原，不過光是那個過程，也容許你對已經發生的事故出力，從這個觀點來說，也對復原大有益處。因此不論是長期復原、讓一切塵埃落定，或是找到內心平靜，追求正義都是很重要的關鍵。

　　除了偶爾去法院出庭之外，邦迪在卡蘿的生活中並未佔據太大的心理空間。「我和他的關係純粹是要他為自己的所作所為付出代價」，因此卡蘿「能夠將自己抽離這樁差點毀掉我一生的事件。」卡蘿沒有把焦點放在邦迪身上，也不關切自此之後大眾對她不請自來的關注，只是專心過自己的生活。她去上大學，獲得商業管理學位，然後在電訊公司找到一份喜愛的工作。她繼續待在猶他州瓦薩奇山脈一帶，建立自己的小家庭，如今的她享受高爾夫球，與人生伴侶的關係已滿 15 年。卡蘿說：「我現在真的很快樂，很健康，過著正常的生活。」

結論

　　最後這項兩個 R 原則或許不是最重要的，可是在很多方面，它卻擁有最持久的效果。事故的結局不能永遠盡如人意，理由非常多，畢竟沒有任何東西能補償憤怒、損失、受傷或痛苦。當我的比賽用車在墨西哥失竊時，墨西哥警察來到現場後表現如何？這麼說吧，我們孤孤單單走了漫長的路，12 個小時之後，在凌晨抵達邊境，感謝老天，儘管我丟了護照，而傑特身上什麼證件都沒有，通情達理的美國海關人員還是讓我們進入美國。那麼後來我們有沒有接到墨西哥官員任何關於那輛失竊卡車的消息？還需要我回答嗎？

　　不過其他時候，兩個 R 原則倒是運作得非常好。卡蘿夠幸運，不但在邦迪的攻擊之下幸免於難，而且事後出於胸中怒火，堅決要讓邦迪寢食難安，誰讓這個渾蛋攻擊她？邦迪伏法 30 年後，卡蘿言簡意賅地說：「他不配活著。」卡蘿的復原和幸福是最終的復仇，因為她能說會笑，活得好好的。

　　1989 年 1 月 24 日，邦迪終於在佛羅里達州立監獄被送上電椅處死，他知道自己逃不了，因為那個年輕女子一而再、再而三出庭作證，顛覆他的勝算。卡蘿的勇氣讓

狡猾的邦迪首次被繩之以法，邦迪堪稱史上最邪惡的連續
殺人犯之一，而卡蘿的這一件行動為他的末日揭開序幕。
當行刑者將黑頭套放在邦迪頭上時，他最後吐出的話是：
「我真是個渾蛋。」也許我聽來的這幾個字不太準確，可
是也不要緊，因為他真的是大渾蛋。

　　意外事故發生之後，採取五個積極步驟能確保你安全
躲過傷害，然後你重整旗鼓，判定接下來需要怎麼做，藉
此取得對情境的控制。等一切都結束，鼓起勇氣去報案，
同時心裡要知道，報了案你就盡了全力。接下來你要準備
往前邁進，堅信你已經為伸張正義提供最佳機會，但願此
舉也會幫助你感到事情終於有個了結，讓一切塵埃落定。
永遠記住，時間沒有捷徑，帶著他人（包括專家）的愛與
支持，隨著時間流逝，慢慢走完這條復原之路。這條路很
漫長，有時候可能感覺很陰暗，我自己就有親身經驗；另
一些時候，你又覺得充滿陽光，一切都很好；還有一些時
候你感到情緒起起伏伏，來回擺盪。然而不管這條路是陽
光普照還是淒風苦雨，我們都必須繼續往前走。如果有人
陪伴同行，就會感覺輕鬆得多。

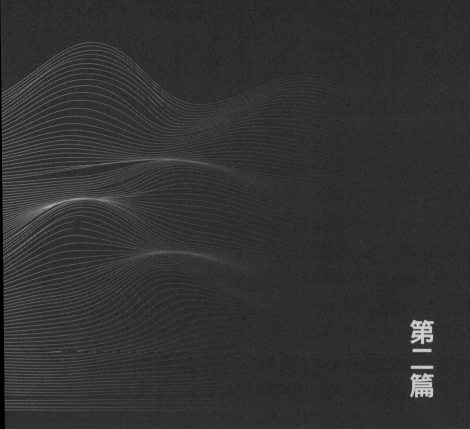

第二篇

你在家裡的時間最長，感覺最輕鬆，可是你大概沒有正確評估過它的漏洞或屬性，很可能也沒有針對萬一壞人侵入或發生災難，預先做好計畫。

工具

The Tools

有備無患

有備無患就是事前做好準備，永遠不要在事發當下手足無措。通常問題出在大家很容易拖延，就像報稅一樣，反正目前沒有任何威脅嘛，何必擔憂？可是因為拖延，不預先在住處做好防範歹徒入侵的準備，不接受自我防衛訓練以增強自信與能力，或是不購買自我防衛工具，這些全都是錯誤，錯誤的理由很明顯：**你永遠不知道那個重大時刻何時會到來。**

想想我在拉斯維加和亞倫派森樂團一起欣賞超級盃美式足球賽的經驗。當我們碰到可能致命的對峙狀況時，我所擬定的計畫之所以健全，是因為我事前已經做過準備，有些準備長達數年：我在特種作戰生涯中，接受武術和其他的格鬥訓練；我知道如何評估自己所在的空間，以那次為例，我所在的空間是巨大的宴會廳，外面則是賭城

度假勝地；最後，我身上帶了武器：一支戰術筆（Tactical pen，又稱防衛筆）。

住家的準備

　　住家規劃並不複雜，可是一旦疏忽可能會帶來災難性後果。回想一下珮悌的故事，也就是第二個在威尼斯海灘住處差點遭到強暴的被害人，當時她和歹徒在窗戶邊打鬥，受到很大的驚嚇。珮悌從來沒想過窗戶會是威脅，如果她明白住處位於公寓建築的外側，而且位在一樓，進而專門針對這些漏洞做規劃，很可能就沒有後來和歹徒對峙的事了。

　　一般人都自認住家是最安全、最舒適的空間，在家裡的戒心一定是最低的，所以，為自己和摯愛的人做好住家空間安全的準備，是非常重要的事。你在家裡的時間最長，感覺最輕鬆，可是你大概沒有正確評估過它的漏洞或屬性，很可能也沒有針對萬一壞人侵入或發生災難，預先做好計畫。這很自然，因為那是你的家，你覺得它是安全的空間，周遭都是熟悉的東西和你愛的人，這樣的地方不會讓你感到脆弱。然而假如你不透過狩獵者的眼光，花時間去觀察自己的住家，就是置個人、家庭與財產於全無防衛的處境。

　　從威脅的觀點來說，最可能侵入房子的地方是門窗，因此家裡每一扇窗戶和門都需要仔細檢查。二樓或三樓的窗戶以及陽台也是漏洞，不要以為離地高就代表安全。如果家裡有裝設自動門的車庫，你必須了解方便好用的自動門遙控器可以盜拷（捕捉電子訊號的科技手段），有些廠商的設計和年頭比較久的機型比較容易被破解，不過現在使用滾動碼解鎖，已經能解決這個問題。很多車庫大門也能用橇棒強行開啟，而掛鎖則可用斷線鉗剪開。請利用「附錄」裡的居家安全檢核清單，評估你家的漏洞。

　　防止歹徒闖入是考慮鞏固住家安全時的第一步。然而如果歹徒已經登堂入室，你又不願和他對峙，那該怎麼辦？正確答案永遠是：逃走，但前提是你必須事先已經思考過。利用居家安全檢核清單考量住家的內部格局，假如有人在你睡覺時闖進來，家裡有沒有可以讓你逃到外面的門？窗戶呢？最佳逃亡路線是什麼？你手邊有沒有準備某種防身武器？（不管什麼時候，你手邊一定要有可以馬上拿到的防身武器，切不可塞在櫃子裡或放在房間的另一頭。）

　　如果你聽到聲響（那種會把你吵醒的聲響，感謝你新迸發的直覺，它告訴你發生事情了），立刻抄起武器。假如你覺得有人已經進入屋內，先打911（編按：台灣是110）報警，告訴警方你覺得有人闖入自家；萬一是虛

驚一場也別擔心，這本來就是警察的義務。如果你起床查看，記得把燈打開，偷偷摸摸沒有意義。你要大聲宣布：「我有武器，如果你不離開，我就開槍。」哪怕你根本沒有槍也要這麼說。然後帶上你的武器（不管是什麼），檢查屋裡的每一個角落。我建議你準備標準的美式棒球棒，它們容易取得，而且握在手裡讓你看來殺氣騰騰——即使只是裝的也很像。另外，也把手機拿著，假如你打電話報警，就打開擴音功能。還記得「原則一」舉例的情境嗎？屋主在房子裡潦潦草草看了一圈，心裡先入為主認定「沒事，一切都好」。現在可不是敷衍了事的時候，務必仔細檢查所有的角落。

在危機中成功解圍的關鍵是預先演練。切記要練習上述情境許多次，把你個人的細節和家裡特殊的狀況考慮進去，量身訂做。如果逃出房子，你會去哪裡？如果現在不知道，事情真的發生了你也不會知道；那個地方至少必須有電話，以防出於任何原因你沒有攜帶手機。

關於公共場所和交通工具的建議

很多美國人不搭乘大眾交通工具，所以感到陌生，還有點畏懼，此外大眾交通工具也可能混亂、擁擠，在那樣的環境下，當你想要釐清眼前的狀況時，情境覺察程度

容易降低，或是因為別的事物分心。所以不論你是常常搭地鐵（捷運）或火車的識途老馬，或是在陌生城市裡徒步穿過擁擠廣場的遊客，都適合運用以下這些訣竅，以確保自己比較不會成為歹徒的目標或受害者。

（1）**不要把手機放在後面的口袋。不要把錢包放在後面的口袋**。後口袋是犯罪圈公認「容易得手」的目標。

（2）**斜背肩包和背包**，這會幫助你把包包摟在身體前方抱緊，至少要確認你包包的帶子夠堅牢（使用抗切割或難切斷的材料，例如高強度耐磨尼龍布 Cordura 就比皮革或標準尼龍材質堅韌）。另外，始終保持一隻手牢牢抓緊前面的帶子和包包相接的地方。

（3）背雙肩背包時，不要學那些「酷小孩」只背一側肩帶，讓另一側懸垂著。**你要把兩側的帶子穩穩背在肩上**，並且繫上胸部和腰部位置的所有扣帶。如果你確實做到，別人幾乎不可能搶走你的背包。

（4）維多莉亞建議女性將一張證件、一張信用卡和 20 美元（或等值外幣）**夾在胸罩的肩帶內側**。

（5）**你也可以考慮把這些東西藏在襪子裡**。市面上有一種輕薄型錢包，不會磨傷皮膚，就是專門為這個目的而設計的。

（6）確認在搭乘大眾交通工具時，**行李箱上面的姓**

名標籤（尤其是有個人身分資料的標籤）不暴露在外面。
這麼做不僅讓你不容易洩露身分，而且也保證別人看不見
你的住址，因此也就不知道離家外出的你住家在哪裡。

（7）如果你到海外旅行，剛剛通過入境審查的關口，
記得要在離開機場之前先停下來，將護照和身分證件收拾
好。如果你在大眾交通工具上或機場外面做這件事，不但
容易因為分心而沒有注意到威脅，而且簡直是在公開宣
布：「嗨，快來搶我的護照，然後逃之夭夭。我不介意。」

（8）和家人朋友搭乘大眾交通工具旅行時，你們最
好**面對面站立**，這樣就能看見彼此的背後，尤其是背著後
背包的時候，或是其中有人拿手提包的時候。

（9）**替代辦法是大家背靠背**，各自面朝外側，這樣
就沒有人能從你們後方靠近。

（10）如果你是獨自一人，盡可能不要背對著別人站
立，而要**背靠窗戶或其他垂直表面**，以防罪犯清楚看見你
的背包，或是在你盯著手機看時，從你的肩後偷窺內容。

（11）你也可以將後背包取下來，**用雙手握著當手**
提包，或者放在膝蓋上。這麼做的時候，要將帶子纏在手
臂上兩圈。

（12）**確認提袋或後背包的拉鍊完全拉上**，並且將
拉鍊的部分朝上，或是轉到你可以觀察到的方向。

（13）假如你背後戴著飾品，或是感覺有人在拿你放在褲子後口袋或包包裡的東西，**直接轉身過去和他面對面**。這個動作帶有攻擊性，也會打斷對方的行為。如果是誤會，你大可道歉，不過採取行動總好過忽視不理。

（14）當你和父母、年長者或小孩一起走路時，不要走在前面領路，而要走在他們後面，這樣有人接近時你才能夠隨時觀察，同時也能注意到後面；**大部分攻擊都是來自後方**。

（15）利用你的 SDR 技巧。**透過窗戶反射觀察別人**；在地鐵、火車、公車上可以利用玻璃。

武器
槍枝

對絕大部分的人來說，槍枝的價值都被高估了，而且運輸很麻煩，在法律上也有危險。這些話必須放在前頭先講。如果你願意的話，隨你的便在家裡放一把槍，或在你所住的（美國）州內隱密持槍。運用得宜的話，武器可以拯救你的性命，尤其在自己家裡更是如此。不過槍枝也比其他任何防身工具更可能激發錯誤的有恃無恐感，意思是有了槍你就不會完整動用感官，不會進行情境覺察，而你「不會」想要這樣。如果把槍枝當作安全和信心的來源，

萬一剛好沒隨身帶槍，那麼不管身在曼哈坦、米蘭還是馬利（Mali，非洲國家），對你都不是好事。

本書的宗旨是讓你在全世界和在家裡都保持安全，而我所提供的工具是你的最佳防禦。槍枝是最後才動用的手段，我當然不是反槍枝，我自己曾經是世界上頂尖的戰鬥槍手（我工作地點的每一位都是），我相信必要的時候應該務實運用火力。然而如果你需要在戰鬥以外的情境動用火力，很可能就辜負本書所教授的課題了。

我本人也不是特別支持隱密持槍，除了極少數例外情況，也不支持使用槍枝自衛。大部分人（尤其在美國）幾乎沒受過用槍的訓練，所以在槍枝使用上既不合格，也不嫻熟。事實上，大多數為了自衛而擁有槍枝的人，鮮少真的開火（包括最近的我在內），即使真的去練習射擊，練習情境完全不同於遭到攻擊或目睹槍擊的經驗。除此之外，如果你對某人開槍，等於招來了刑事或民事訴訟。基於以上這些理由，我建議大部分人用其他方式取代槍枝，或優先採用其他防禦手段。畢竟從來沒有小孩因為玩戰術筆或防狼噴霧而誤殺自己。

戰術筆

我建議使用戰術筆來代替槍枝，它堪稱槍枝的改良

版。這種成本低廉、非常耐用的筆，其實是真的可以用來寫字的工具（我比較喜歡也隨身攜帶的是蝴蝶牌）。戰術筆不像其他防身武器那樣，不能甩出隱藏刀刃，不過它是刻意打造的，材質的硬度經過強化（通常是鈦或鋼），尺寸也比較適合握在手裡，所以你可以揮舞它，當作反抗攻擊者的打擊武器。你可以隨身攜帶戰術筆旅行，搭乘商用客機時也能合法帶上飛機，將它用於防身時，可以阻止攻擊，甚至奪人性命。

在此我不深入探討使用戰術筆反抗攻擊者的詳細戰術（其實我總是建議使用前先詳閱說明），只簡單扼要的提出一點：最佳攻擊目標是眼睛、喉嚨和頭部。這些部位受到尖銳物品攻擊時最讓人害怕，而反覆的擊打將會使大多數攻擊者萌生退意。出手時盡可能用力，將你內在的憤怒和腎上腺素猛烈發洩出來，因為對方竟然想傷害你；一直打擊不要手軟，直到他們退開為止，然後猜猜你接著該做什麼──死命逃跑。

使用戰術筆有兩個目的。第一，就像上面說的，你可以隨身攜帶它去任何地方，具有保障安全的實用價值；第二，知道身上帶著這樣東西就會產生力量，因為相信自己受到保護就先贏了一半，尤其是你已經透過學習而表現新的形象──你「絕非」受害者。關於戰術筆，我要說一

句話：「這種筆『就是』威力強大的劍。」很棒對吧，我知道，謝謝。（譯按：這句話是作者的雙關語，因為英文有「筆勝於劍」的說法。）

防狼噴霧

防狼噴霧可以是很厲害的武器，對女子特別有用。這種防身器很便宜，萬一丟了或出門在外，也能很容易買到。話雖如此，如果你在旅行途中，尤其是經常搭飛機的話，防狼噴霧也有一些缺點。第一個缺點是無法帶著它通過安檢，各國法律並不相同，但以美國來説，不能帶它上飛機，就算放在托運行李中，也只容許上限四盎司（118ml）。此外，防狼噴霧的濃度也有限制，不得超過CS 或 CN 催淚瓦斯（這些是最常見的有效成分）的百分之二。另一種類似的替代物驅熊噴霧（bear spray）甚至不能放進托運行李中。當你出入住家和工作場所附近時，使用防狼噴霧是絕佳防禦手段。（不過在帶它上班之前，務必先問問雇主，因為公司可能有關於防狼噴霧或其他武器的政策。）

任何商業產品都應該有使用説明，如果沒有就謹記一點，**防狼噴霧只用在一個地方：人的臉部，特別是眼睛，目的是使對方暫時失明。**防狼噴霧和所有武器一樣，需要

時必須立刻拿到手，而不必事先計畫。如果你把它埋在手提包或背包深處，還不如不要買。再重申一次，你對著歹徒臉部狠狠噴一下（這可不是省著下次再用的時候，所以盡情噴完吧），接下來的行動就是立刻掙脫束縛，沒命的逃跑。

手電筒

從個人防禦的角度來看，手電筒是很棒的工具，因為你能用它閃瞎潛在攻擊者，讓他們比較難向你下手，或在攻擊發生時造成短暫停頓或阻撓，使你得以逃走。務必購買 LED 手電筒，因為它們亮度最夠，最能使對方目盲。小型手電筒可以掛在鑰匙圈上，也能放在皮包裡、車子上。如果是居家使用，重量級的 Maglite（這種通常與警方有關）手電筒提供多種功能，包括搜尋入侵者、閃瞎對方以便逃跑，還可像球棒一樣拿來打擊對方。你可以帶手電筒上飛機，放在手提行李或托運行李中都沒問題。

刀子和棍子

一般而言，我並不支持攜帶刀子作為自衛的主要工具，因為執法單位認為刀子是攻擊武器（確實沒錯），此外你也不能帶刀子搭乘商用客機。最糟的是，刀子固然看

起來威脅性很大，但如果你想要瓦解攻擊者的能力，刀子實際上很難應用。刀子最大的價值是外表，如果你抽出一把刀，可能讓對方停頓下來，這本身就很有價值。可是除非你要割斷對方的喉嚨，或是戳瞎他的眼睛，否則刀子無法阻止鐵了心的攻擊者。當然，假如你受過使用利刃武器的訓練，並且好好的練習，那刀子確實很有效，所以我也不會輕忽它。我自己去任何偏遠地方都會攜帶一支刀子（它具有多種功能），還會在卡車上放一支格鬥用刀子。我有個死黨確實在戰鬥中用一把刀成功保衛自身，但那是在逼不得已的情況下才使的最後一招，而且他受過精良的訓練，你不是他。

棍子有很多種，有些本意就是用來自衛，其他則是情急時拿來充當武器的物件。前文提到的 Maglite 大型手電筒就是一個例子，不過它的長度有限，主要的價值在於重量可觀。至於居家情境，木製棒球棒很便宜，因為是實心材質，擊打時（永遠瞄準對方頭部）威力驚人，而且對攻擊者具有恰當的威脅性。其他許多物件也能臨時派上用場，例如 2 吋乘 4 吋的現成板材、棍子或拐杖、鏟子或其他園藝工具。可是和許多應急的東西一樣，除非你在亟需的當下能立刻拿到手裡，否則和拿一塊海綿當武器也沒什麼兩樣。

淺談武術

　　你已經學到這本書的宗旨是教你如何避開特定情境，而武術和上述的武器與雙重用途物品一樣，都落在這個宗旨的範圍之外。儘管如此，如果不談談這個話題，就顯得是我的疏失了。萬一你被困時，武術是放手一搏的極佳準備，也能增強你的信心。不過我還要補充一點，大多數功夫的型態和武術社並沒有提供「真實世界」所需的情境訓練或技巧，因此學員也無法將所學轉化成有效化解攻擊的能力。你接受武術訓練的第一個也是最重要的目標就是逃跑，而不是學習李小龍或羅禮士那種打鬥招式。記住你在「原則六」的數學作業：距離＝安全。

　　話雖如此，我還是相信武術有其價值，因為它能改變你的視野，起碼可以從被害人轉變成鬥士。如果接受正規武術訓練並且練習得夠久，哪怕你的身型再瘦小、生性再膽怯，遭遇歹徒時也可能令對方喪命。順著這條思路，所有武術訓練或多或少都有價值，不過選擇哪一種型態很重要，因為在現實中，幾乎所有打鬥最後都會變滾成在地上較量，兩個人開始幹架從來不是先擺好架式再動手（除非是好萊塢電影的打鬥場景）。如果你決定要學習武術，

我高度推薦以色列近身格鬥術（Krav Maga），因為它強調沒有任何限制的近身格鬥（close-quarters combat），而且速戰速決。

龍騰（Calvin Longton）在美國軍中服役 24 年，他一開始是海軍陸戰隊武裝偵察部隊的一員，之後在美國陸軍特種部隊（俗稱綠扁帽）待過幾年，接著又成了空軍戰鬥控制員，在這個崗位上度過他的大半軍旅生涯。不過龍騰在從軍之前就已經深受武術吸引，將近 50 個年頭之後，現在的他擁有多種武術資格，包括合氣道黑帶六段、以色列近身格鬥術黑帶二段、跆拳道黑帶一段，以及其他許多武術評級。19 年前龍騰在佛羅里達州的納瓦爾區（Navarre）開設精準武術（Precision Martial Arts）訓練中心，也在空軍最菁英、最致命的部隊「戰鬥控制組」教授隊員徒手搏鬥。簡言之，龍騰大師曉得自己在說什麼。

「我從 16 歲起開始習武，最初 30 年我沉浸在許多武術門派之中，包括合氣道、跆拳道、巴西柔術、泰拳和詠春拳，可是到最後我才了解以色列近身格鬥術在真正的自衛上最有價值。我教學生以色列近身格鬥術，因為它真實好用，讓你在打鬥時可以速戰速決。學習其他武術的人可能精於纏鬥，可是真實暴力不是那樣。當你遭遇威脅性命的情境，刀子、手槍等武器都可能出現，而針對這些，

以色列近身格鬥術已經有了設想周全的解決辦法。」

結論

　　這項工具的每一樣東西，以及準備的每一種手段，都需要某種形式的熟悉度、訓練和經常練習，才能夠充分落實。你選擇一項工具、訓練使用技巧、在現實條件下練習，程度的深淺將會決定它會帶來什麼好處，進而決定特定威脅情境的最後結果。如果你擁有工具，但是不熟悉使用方式，那就不能要求它有多少效能，正如同你有一輛車但從來不學習駕駛，那麼就不能指望自己面臨危急時可以駕車逃跑。

　　關於武器我還有最後幾句話要說。不論你選擇用什麼來武裝自己，我都建議你至少擁有一支戰術筆和一個手電筒，而且需要立即可以拿出來使用。我有提到它們需要多麼立即可得嗎？假如你沒辦法在明白自己面臨威脅的同時，憑本能掏出這個武器，那就乾脆把錢省下來算了，因為如果你必須宣布：「時間到。讓我把放在這裡應急的迷你原子彈找出來。嗳，我究竟放哪裡了？」那麼這個武器對你沒有任何幫助。

　　記住上面說的這一點，再轉到居家準備上。評估你在

家裡放置的武器是否得宜，需要問問這個問題：「如果有人在晚上或深夜闖進來，我需要把球棒／防狼噴霧／刀子／手槍擺在哪裡，這樣我只要走兩、三步就能拿到手？」你會發現只在一個地方放一樣防身武器是不夠的，你需要好幾樣，以避免需要時還得跑到另一個房間去拿。不同種類混合和搭配使用也很恰當，譬如在廚房抽屜裡和浴室放防狼噴霧，在沙發椅墊下放重量級手電筒，最後在床底下藏一支棒球棒。利用你的想像力，再花一個下午買齊並放置這些東西，最後一步是練習在黑暗中將它們取出來，你可能發現需要調整放置的位置。光是思考這一切，你就應該覺得自己的住家已經變得比較安全了。

減少成為靶子的隱患

你是訊息傳遞者

我們評估自己所處的不同環境時，不見得總是只觀察地方和別人；你和環境不是分離的，你身處其中，就像動態和靜態物件一樣，完全沉浸於相同的地方。正因為如此，你也將會把關於自己的訊息傳遞給周遭的世界和位於其中的人，那些訊息包括你是誰、你在做什麼事、你在哪裡做這件事。你所發出的訊號就像無線電廣播一樣，無差別發送出去，而對方接收到之後則會加以詮釋。一般來說這並不是問題，因為這就是人與人社交和辦事情的方法，唯有在你的訊號被罪犯或狩獵者接收到，才會出問題。

狩獵者接收獵物的訊號，所以你不會希望傳遞自己弱點的訊號。以維多莉亞的例子來說，她傳遞了自己並不

是科威特或黎巴嫩女子的事實，導致追蹤者以不同的方式看待她，再加上當時她是獨自行走的女子，已足以成為歹徒的靶子，甚至認為她值得攻擊，目標是奪財或強暴。對於當時的維多莉亞而言，不論哪一個目標都一樣糟糕。

肢體語言和姿勢

要了解你傳遞出什麼訊號，第一步就是要知道自己的姿勢告訴別人什麼。我不是建議你為了安全而改變性格，恰恰相反，我要你更清楚覺察自己是誰，只不過需要透過別人的眼睛來看。當你在所處的情境中特別脆弱、容易引起狩獵者注意時，這一點真的很重要，因為不論你是否覺察、是否喜歡，狩獵者都會推敲你是不是潛在被害人、容不容易攻擊。萬一碰到心理變態的狩獵者，了解這一點更是要緊，因為他們更容易找陌生人下手，尤其是他們覺得弱小的陌生人。

2018 年有一份針對定讞暴力變態罪犯的研究，結論是**歹徒最常以步態來判斷要不要對某人下手**，最脆弱的對象是那些走路時明顯將身體重心從一邊換到另一邊的人：「至於被評估為較不脆弱的對象，走路時身體重心的改變（方式）很流暢。」此外，步履緩慢、沒有目標，也被視為容易下手的靶子。以前有一項以女性為攻擊目標的研究，

也證實「步伐較不一致的女子被視為較缺乏信心，比較脆弱，容易遭受性侵。」這一切都說明走路時步履越穩健、越有信心、有目標，就越不容易成為歹徒想要染指的目標。惡名昭彰的連續殺人犯與強暴犯邦迪就明顯有這種傾向，因為他「能根據女子在街上行走的方式、頭部傾斜的樣子、表達自我的儀態，來判斷是否選擇她作為被害者。」

　　2002 年做的第三項調查還證實，穿緊身衣服、高跟鞋和其他引人目光的衣著，包括昂貴的手錶和珠寶，都會吸引歹徒注意力。上述這些發現，都獲得 2013 年的一項研究支持，該研究因此提出如下警告：「儘管被害人受到傷害的責任都是落在狩獵者身上，可是我們的發現對於預防未來受害或反覆受害，提供了一些建議。肢體語言暴露弱點的潛在目標，過去也比較可能有被害經歷，而心理變態者懂得辨認這些比較脆弱的對象，視其為未來加害的目標。」我當然同意狩獵者應該負責任，從來沒有人的被害是「自找的」，可是大家也要曉得，**罪犯尋找作案目標時，服裝扮演重要角色**，那些比較可能動用暴力或性侵的狩獵者更容易被服裝影響。

　　關於這個議題，我的建議是回頭溫習「原則一」和「原則二」，其實我幾乎所有的建議都是這樣。選擇什麼時候穿什麼比較安全，和選擇什麼時候去哪裡比較安全，

這兩件事情並無不同。有些情境本來就比其他情境安全，而你所做的選擇以及情境覺察程度，都會增加或降低自己的安全係數。我講的不僅是暴露或性感的衣服，而是可以讓歹徒覺得你容易得手的任何衣服。依我的經驗，在倫敦或羅馬街頭漫步的觀光客，尤其是美國觀光客，是罪犯的主要下手目標，因為他們身上的衣服明明白白傳遞「美國觀光客」的訊號，因此到了倫敦最繁華的皮卡迪利大街（Piccadilly）或羅馬競技場，就成了扒手最喜歡的肥羊。如果你正是其中之一，那麼謹記不要這麼穿，否則就容易淪為竊賊的目標。請看以下的一則例子。

都柏林，愛爾蘭

我和內人坐在都柏林美麗的基督教會座堂（Christ Church Cathedral）外享受炸魚薯條，這是城裡歷史最悠久的薯條店李歐‧波多克（Leo Burdock）的美食。我們夫妻此行來都柏林是為了另一本書做研究，雖然已經 10 月底，這天的天氣倒是十分宜人，很多人出外欣賞秋天景色。我努力想擦乾淨手上沾到的薯條屑（真的很好吃，不過我們承認吧，吃美味的炸魚薯條總是搞得人髒兮兮的），我們正要走上大馬路，忽然聽見身後傳來一聲大叫「幫幫忙！攔住他！」

　　我轉身看見一名女子一邊叫嚷一邊在街上跑，她伸手指著我們的方向。一個 20 幾歲、留黑色短髮和落腮鬍（只有大學生才會以為這樣好看）的傢伙正瘋狂地踩著腳踏車往我們的方向過來，車子把手上掛著一個包包。我還來不及把他從腳踏車上拉下來，他就已經騎過我身邊，我徒勞無功的追了一步，不過對方已經加速脫離我能追趕的範圍。此時那名女子穿過車陣跑過來，我轉身看她。

　　「誰來攔住他呀！攔住他！！」她反覆狂亂的叫道。有兩件事令我側目。第一是她的衣著：徹底的觀光客模樣。第二是她奔跑的樣子，我只能用沒把握來形容。

　　我們還沒能幫上忙，忽然來了一輛黑藍色轎車吱的一聲停下來，車上沒有標識，看樣子必然是警車。後車門打開來，女子越過我們指向前方喊著：「他在那裡！他在那裡！」然後便滾進車裡，把門甩上，車子立刻飆出去追小偷。我不知道哪一樣令我更印象深刻，是案發後不到 30 秒警察就出現，還是他們居然能在 5 秒鐘內把那女子弄進車裡並上路追賊。

　　可能是因為危機吧，但那名女子的舉止中帶著「觀光客」的影子，以她的例子來說，是德國觀光客。假如我是歹徒，很容易就能看出她身上有吸引我下手的標記。不過我到現在還很遺憾沒能打趴那個小偷。

人人都有可能成為罪犯的目標，但這些研究還有更雪上加霜的發現，那就是罪犯的心理變態程度越深，他們判斷被害人弱點的準確度就越高。不過有些東西能幫助防範我們被動成為加害目標，譬如防身術訓練就能扮演阻力，就像「工具一」所提到的，我很喜歡以色列近身格鬥術，因為它強調現實與戰術，不在乎打鬥公不公平，只強調盡可能利用優勢壓制對手。2018 年的一項研究證實這一點，〔該研究刊登在《人際暴力期刊》（*Journal of Interpersonal Violence*），千真萬確〕，作者是三名專業研究員兼心理學者，他們指出：「假如心理變態者透過步態和肢體語言所顯現的弱點來挑選被害人，那麼修習防身術或許可以改變那些線索；透過調整肢體語言暗示弱點的層面，或可降低個人淪為被害人的風險。」

　　回到維多莉亞在科威特的經歷。她和購物群眾看起來不一樣，問題並不是出在她的肢體語言和姿勢，維多莉

225

亞曉得怎樣像當地人一樣走路，而且從小在紐約長大的
她，也很清楚什麼樣的姿勢會傳達：「我不是好目標」。
誠如維多莉亞所說的：「我們說話的速度很快，而且一邊
說話還會一邊揮動雙手，我想大概是貝果或別的東西造成
的吧。」不論是不是真的因為紐約的貝果，更重要的是，
她的步態和肢體語言流露自信。而罪犯，尤其是像邦迪那
樣的心理變態者，很不喜歡這種目標。

武裝威脅和激進槍手

北好萊塢，加州

　　早晨 9 點鐘，美國銀行分行準時開張。羅瑞爾峽谷大道（Laurel Canyon Boulevard）上的這家小分行裡，副理維拉葛拉納（Juan Villagrana）手下管著幾個員工。這一天是加州南部獨有的舒服暖和的冬日，顧客開始慢慢上門。銀行開門之後 15 分鐘，維拉葛拉納愕然看見一個顧客被一名大漢推進前門，他穿著深色外套，頭戴滑雪面罩，手裡拿著 XM-15 突擊步槍，已經裝好一百發子彈的彈鼓（drum magazine）。隨著人質被推進銀行裡，第二個體型較小的戴面罩槍手也出現了，同樣手持突擊步槍。

　　第一個搶匪把人質推開，他一面罵髒話一面朝天花板連續射擊，然後宣布：「這是搶劫，每個人都趴在地上。

閉上眼睛，不許偷看。」所有人都低下身體，那個搶匪大搖大擺走過大廳，邊走邊警告：「把頭低下，誰敢動我就殺誰！」銀行顧客諾兒特（Mildred Nolte）吃了一驚，想要弄清楚究竟是怎麼一回事，大個子搶匪揮拳毆打她的頭，將她打倒在地上。諾兒特當時 79 歲，早已退休，後來她接受訪問時說：「我猜是我配合移動的速度不夠快。」

接著搶匪頭兒把注意力轉向穿制服的 32 歲警衛菲格羅亞（Enrique Figueroa），他反應很快，明白這是搶案，此時早就趴在地上。1 分鐘後他發現自己的頭旁邊多了一隻靴子，搶匪用突擊步槍的槍口推他的脖子，給他下指示：「等一下我告訴你的時候，我要你把這些人都趕進金庫裡。」

在此同時，第二個搶匪開槍射擊金庫通往提款機的門，企圖把門轟開，但是沒有得逞，於是找上副理維拉葛拉納，用步槍的槍托打他的頭，命令他開門。副理從另一個員工那裡拿到一組鑰匙，按照搶匪的話做。槍手遞給維拉葛拉納一只很大的尼龍旅行袋，維拉葛拉納開始將錢箱裡的錢塞進袋子，可是全都是小鈔，槍手更憤怒了，他對剩餘的錢箱開槍，又對副理叫嚷：「你們有好幾百萬。提款機的錢在哪裡？」維拉葛拉納解釋，副理無權開啟提款機，此話一出，又引來搶匪掃射提款機，有些子彈反彈回

來，擊傷了維拉葛拉納。接著第一個搶匪向警衛打手勢，要他把顧客和員工趕進金庫，把人都留在裡面；雖然人質沒有遭到綑綁，但是其中幾位受傷了。

這兩名穿防彈衣的男子在闖進銀行 8 分鐘後，拖著旅行袋走出銀行，一腳踏進美國執法史上惡名遠播的一場槍戰。

對於顧客和員工來說，他們只是在錯誤的時間身在錯誤的地點，面對武裝搶匪一進入銀行立刻開槍，現場的每個人都在問自己：「我該怎麼辦？」處在那種情況下，人人都有被搶匪射殺的風險（當時兩個搶匪都嗑了藥）；那天早上每個人對於該怎麼辦的答案不是找掩護，就是服從搶匪的指示。

萬一你發現自己就在那家銀行裡，碰到類似的情境，「我該怎麼辦？」不應該是你問自己的第一個問題。實際上你的第一個問題應該是「我是誰？」因為那個答案會告訴你，你究竟是在錯誤的時間身處錯誤的地點，抑或「你」正是歹徒的目標。對於銀行員工和顧客來說，答案是第一個。

　　對於銀行外面的那些執法人員，「我是誰？」也是有效的問題，不同的只是答案。每一個警察的答案都是「我是目標」，因此集合在外面的警察已經不把兩名槍手當搶匪，而是當作刺客。對槍手來說，他們離開銀行之後的目標雖然沒有明說，但其實就是就地射殺警察。最後兩名歹徒都死於槍下，第一個是眼看沒有逃生機會，決定開槍自戕，第二個是被警察射中多槍，傷重不治。

　　北好萊塢銀行搶案提供的案例研究，同時包含你可能碰到的兩種激進槍手情境：在錯誤的時間置身錯誤的地點，以及恰為歹徒的目標。

有何不同？

　　激進槍擊案幾乎每天都登上歐洲（包含英國）和北美洲的新聞標題。我住在美國，也在這裡度過大半人生，感覺上如今激進槍擊案就算不是大流行，也稱得上普遍了。

　　2019 年，美國發生了 434 件大規模槍擊案 **8**，平均每天發生 1.19 件。美國人口總計 3 億 3 千 100 萬，居然擁有 3 億 9 千 300 萬支民用槍枝，平均每一個公民有 1.2

8　此處所指的大規模槍擊，是單一事件中有 4 個以上受害人，歹徒也可能算在內。

支槍。換一種說法，美國人口佔全球總人口的百分之四，但是全世界的私人槍枝有百分之四十六握在美國平民手中。在這方面，美國在全世界的領先數據有增無減。

美國的大規模槍擊問題，根本原因有許多，大家也一直爭論不休，在此我不打算加入辯論，只想說一點：任何武器比人口多的國家，百姓捲入槍擊案的事件越來越多，真的沒什麼好奇怪的。美國有 3 億 3 千 100 萬人口，如果總共養了 3 億 9 千 300 萬條狗（真實情況是只有兩成美國人養狗，所以全國總共也只有大約 9 千萬隻狗），那麼美國比其他國家發生更多狗咬人的事，也就不足為奇。在歐洲，大規模槍擊案雖然沒有那麼聳動，可是現在也比歷史上任何時代發生得更頻繁。至於其他國家，某些年份發生的大規模槍擊致死率甚至高於美國（例如 2011 年的挪威，和 2015 年的法國），可是這些反常的情況皆起因於恐怖攻擊，對於人口較少的國家造成特別嚴重的全國性衝擊，實際遠遠不及美國年復一年、日復一日的慘痛經驗。

我是一個靠槍謀生達 30 年的人，我不反槍枝，可是我也覺得太過容易取得槍枝很令人困擾，至少我們國家是這個情況。美國民間擁有的 3 億 9 千 300 萬支槍當中，大概只有 100 萬支登記立案，意思是絕大多數槍枝是肆

意流竄的。這麼多武器在外流通，看起來老百姓根本無法避免捲入暴力事件。往好處想，我猜任何想侵略美國的國家都應該慎重三思，因為美國民間武力的規模，是全部外國軍隊擁有的小型武器總數的三倍。

所以身為 2019 年的公民，究竟有多麼危險？數據會說話，根據上面提供的數字，在美國待一年被殺的機率是 15 萬 3 千分之一 [9]。我看到這個數字時很驚訝，因為我本來預料應該接近被閃電擊中的機率〔根據國家氣象局（National Weather Service）的資料，每年被閃電擊中的機率是 120 萬分之一〕，意思是你遭到大規模槍擊案連累的機率，大概是被閃電擊中機率的八倍。話雖如此，你在一生中遭遇大規模槍擊案的機率還是微乎其微。

儘管直接牽扯到大規模槍擊案的機率很小，萬一真的碰上了，後果非常嚴重，可能導致累及終身的創傷後壓

9　這項統計並未計入未達大規模槍擊案標準的槍擊次數和被害者人數。美國因槍擊受害的真正人數比這個高得多。我檢視過 2019 年美國所有 434 件大規模槍擊案，結果發現被害人遭熟人槍擊的家庭暴力情境相當普遍，這些根本和極端份子無關。此外，上述大規模槍擊案的統計數據並不包含被害人只有兩名以下的謀殺案。這些數字真的令人震驚，不論你對槍枝暴力有何意見，事實是你遭到熟人槍擊的機會，遠高於被任何宗教或政治極端份子槍擊的機率。

力症候群。和本書談到的一切情境相同，想要提高全身而退的勝算，你必須真正了解究竟發生什麼事，而這就要靠問一個簡單的問題來決定了。

明白自己在槍擊危機中是什麼身分

在武裝威脅或激進槍手情境中，我的身分是什麼？答案只有兩種，你可能是在錯誤的時間去了錯誤的地點，譬如 1997 年 2 月 28 日早晨 9 點 15 分去美國銀行北好萊塢分行的大廳存錢。這種情境下，你意外成為歹徒的目標，因此你「並不是」被刻意挑中的目標。

也可能是第二種身分：你就是歹徒看中的目標，就像 2018 年 10 月 27 日去賓州匹茲堡（Pittsburgh）生命之樹（Tree of Life）猶太教堂的信眾；像 2016 年 6 月 12 日去佛羅里達州奧蘭多（Orlando）脈衝夜店（Pulse）尋歡的客人；像 1999 年 4 月 20 日在哥倫拜恩高中（Columbine High School）上學的學生。這些案例都是槍手刻意前去特定地點屠殺，因此在現場的「你」就成了目標。

第一種情境下，不分種族、性別、性取向、宗教的人都可能被害，因為情境覺察和直覺告訴你，歹徒要的只是錢，不是你。第二種情境則很容易歸納：你和你身邊的

人都是目標，很可能是因為你的種族、性別、性取向、地
位、會員身分（透過註冊或聘雇等等程序）或宗教。

　　因此一旦聽見槍響，或相信自己目前的情境裡有武
裝份子，還可能殺人時，你應該立刻問一個更精準的問
題：**我是在錯誤時間來到錯誤的地點，抑或我就是歹徒的
目標？**

　　這一個問題的答案決定了你接下來應該做什麼。因
為如果你想增加逃跑的勝算，就需要行動迅速、得當，所
以回答這個問題非常重要。逃跑是解決問題的最佳辦法，
所幸你有六項原則可以倚仗，從情境覺察和直覺開始步步
為營。如果你問的是「我是什麼身分？」你就已經知道「原
則三」的答案，因為你肯定是碰到問題了。現在你需要擬
定一項計畫（「原則四」）和採取行動（「原則五」），
而且這兩樣都需要盡快，因為時間永遠具有關鍵重要性。

錯誤的地點，錯誤的時間

　　天底下沒有計算機可以提供統計數據，告訴你什麼
時間和地點是錯誤的。實事上任何地點都有可能：便利商
店、雜貨店、餐廳、戲院、停車場。如果你判定自己只是
倒楣，陰錯陽差在錯誤的時間來到錯誤的地點，那麼你最
優先的計畫應該就是逃跑。逃就對了，沒命地跑，反正一

明白過來情況不對勁，只要你覺得有辦法逃出大門或那個區域，立刻拔腿就跑。想一想 Shop an' Spend 的英雄海克特。

不論你置身地點的結構或環境如何，當你決定要逃命了，就不要遲疑。一旦做好那個決定，你實際上正在落實「原則五」的果斷行動。跑的時候竭盡所能的快跑，死命地跑，而且要跑曲折的路線或是蛇行，雖然好萊塢的電影裡常有射擊百發百中的鏡頭，但是在現實中，移動的目標幾乎不可能打中。等你跑到安全的距離以後，還是要繼續移動，必要時跑出幾條街，能跑到幾哩外更好。如果你的車子停在攻擊地點附近，不要管它，事後什麼時候都能回來取車。一旦確定安全，立刻打電話報警，讓警方曉得你剛剛就在現場，因為你所提供的內線消息將會非常寶貴（比事發當時不在現場的人所提供的消息更可貴）。

有些地方根本沒辦法逃走，譬如北好萊塢的銀行搶案。銀行為了防盜只設一個出入口，然而對局外人來說，卻成了無路可逃的陷阱。在這種情況下，你的行動路線是避開槍手；藏在附近櫃台或是其他屏障物的後面，它們可以替你擋住槍手的視線，最好是能夠阻擋子彈的東西。在軍中，任何保護你不被敵軍看見並射擊的東西都稱為掩體，其實就是掩護、遮蔽物體的同義詞。

避開會讓你脫離槍手的視線，因此就比較不會被對方選作人質、擋箭牌，或是其他讓你避之唯恐不及的用途。這個時候你要想辦法隱形，假如你能悄悄躲進建築物的其他房間或區塊，務必這麼做，這正是我採用「避開」這個字眼而非「躲藏」的原因，「躲藏」是消極的，像在玩躲貓貓似的，當事人的心態容易在找到一個藏身之處後，就靜靜等在那裡，直到被人找到為止。但是你可不想要被發現，所以應該想著「避開」，這是積極的動詞，意思是持續想方設法躲過一劫，尋找避開槍手的更好地點。

人數多寡也會影響安全係數。你最好聚攏別的人，或是加入別人，就像 Shop an' Spend 的海克特一樣，或許能夠改變局勢，就算不為你自己，也是為其他人著想。另一個選項是利用你很確定槍手找不到的安全藏匿處，如果你被迫蹲下，不管去哪裡，留在原地不動的時間務必要比你認為需要的時間更久。如果你身上帶了手機，停下來之後的第一個動作就是把手機調成靜音，因為所有通知音效都會壞事，同理，切勿打電話或接電話，用簡訊溝通比較好。你應該寫簡訊給某人，告知你所在的位置和細節，並且請對方報警。

在槍擊危機中，你所採取的每一項決定都是個人抉擇。哪怕無法控制情境，做積極的選擇仍然會讓你贏回一

些力量，或可影響最終的結局。若是無法選擇逃跑或避開，你可能會發現自己不得不與槍手互動，記住，在錯誤地點／錯誤時間的情境中，對方並非以你為目標。萬一你被迫順從，還是有幾點要記在心上。首先，這不是玩硬漢警探的時候，最好不要擺出反抗的姿態或與槍手眼神接觸，事實上最好完全避免接觸對方的目光。假如槍手要你做什麼，只做他們要求你做的事。如果必須在他們四周或往他們的方向移動，你應該一直尋找掩護的物體，以防對方突然開槍（對警察或他人），因為一旦開火，你就要立刻躲到安全的地方，所以能否找到保護自己的東西，很可能攸關生死。

　　假如你發現自己在錯誤時間來到錯誤地點，而那個地點是戶外或開放空間，那麼你仍然需要下決心，究竟是要逃跑或避開。當然這種情境很嚇人，不過你可能憑直覺曉得槍聲從何而來，這時你要立刻下決定。北好萊塢銀行搶案發生後，洛杉磯警局前刑警賀璩（他是史妲絲基刑警的丈夫）第一個抵達現場，在為時甚久的槍戰中，他負責指引老百姓前往安全的地方。美國銀行槍擊案並不是賀璩第一次面對武裝威脅與搶匪，他將數十年的經驗濃縮成一項簡單的決定與行動：「跑。越快越好，朝與槍戰地點垂直的方向跑，因為子彈直射可以飛很遠。還有，一定要行

動，你採取任何行動都優於不行動，好過任憑歹徒控制你的命運。」

如果你就是目標
哥倫拜恩，科羅拉多州

1999 年 4 月 20 日早上將近 11 點 30 分，哥倫拜恩高中的兩個學生帶著突擊步槍、霰彈槍和土製炸彈來到學校，準備在學校大開殺戒，殺的人越多越好，不過他們對那些「擅長運動的風雲學生」憎惡感最強烈。兩人離開學生停車場時，他們開槍射擊兩個正在外面吃午餐的學生，其中一人當場死亡，另一人重傷；這就是他們宣告自己意圖的方式。進入校園之後，他們開始在門廊無差別射擊。距離不遠的自助餐廳裡，教師兼教練桑德斯（Dave Sanders）聽見槍響，明白可能出了什麼事，便開始警告當時全都在吃午餐的學生。幾分鐘後，兩個凶手闖進自助餐廳，開始胡亂掃射，接著他們的注意力轉移到一些圍觀的學生身上，這些學生在足球場上盯著這場混戰進行，於是凶手從自助餐廳的窗戶裡對著旁觀人群開槍。

桑德斯腦筋動得很快，他護著一群學生跑上樓遠離殺手，然後又把學生帶進一間科學實驗室，可是他自己卻不幸中彈，英勇犧牲了。兩個凶手繼續前往二樓的圖書館，

那裡有 56 個學生和老師躲在裡面避難。凶手開始叫那些擅長體育的風雲學生站起來表明身分，可是沒有人動。

這時候凶手從圖書館的窗戶注意到警方正在撤離學生，於是透過玻璃窗開槍往那個方向射擊，警方旋即回擊，兩名青少年跟著撤退，改把注意力集中在室內。其中一人再次命令擅長運動的風雲學生站起來，還是沒有人聽命，他宣布：「很好，那我就開槍了。」兩個凶手開始辱罵、射擊學生，殺死了好幾個，有一個學生臥倒在被害人的血泊中裝死，另一個人質獲得釋放，因為他和其中一名攻擊者是熟人。接著凶手決定離開，但是在離開圖書館之前，一個凶手對旁邊桌子底下躲著的 3 個人質開槍，當中年紀 15 歲、個性靦腆的莫瑟（Daniel Mauser）行動了，事後有人說他推一張椅子去撞凶手，也有人說他企圖抓住凶手的腿，大概是想阻止凶手開槍。凶手近距離對他的頭部開槍，殺死了莫瑟。兩人一邊往外走，一邊胡亂朝另一張桌子底下開槍，擊傷兩人，殺死最後一個受害者，然後就離開了。圖書館裡 29 個毫髮未傷的師生和 10 個受傷的倖存者沒有等著看凶手會不會返回，趕緊從緊急出口撤離圖書館。

凶手又在學校走動了大約 20 分鐘，企圖引爆他們放置的炸彈，同時辱罵那些疑似躲在洗手間等處的人，最後

又退回空蕩蕩的圖書館（此時除了兩個受傷的學生還留在裡面，其他師生都撤走了）。凶手和外面的警方交火一陣子，最後兩個懦夫飲彈自盡。

　　萬一有一天你剛好處在類似哥倫拜恩槍擊案的情境，當你思考自己的決定和行動時，有幾點寶貴的教訓值得學習：

　　（1）最早的兩名受害者，也就是一起坐在外面吃午餐的學生，其實沒有機會逃生。雖然片刻之前凶手在停車場上丟了一顆土製炸彈，引起部分爆炸，但是事先毫無徵兆凶手會突然開槍。後來一個倖存的用餐受害者和其他目擊證人指出，他們以為炸彈只是惡作劇。有人主張當時這兩個吃午餐的學生大可立即逃跑，可是這種說法不太站得住腳，因為凶手並未發出威脅，所以他們需要花時間消化整件事，然後決定怎麼應付威脅。可悲的是這兩個在外面吃飯的學生根本不曉得自己處在威脅之中。

　　（2）第一聲槍響之後，自助餐廳裡的教師桑德斯迅速反應，因此救了許多條性命，他意識到凶手的注意力出現短暫落差。桑德斯的果決行動是妥貼的選擇，如果你看

見落差，好好利用它。

（3）凶手從自助餐廳裡看見圍觀的人群，就對著他們開火。雖然這些人都未中槍，但是他們居然在槍擊現場圍觀，這種行為本來就很愚蠢，但也是人們在這類攻擊發生時的典型反應。不要圍觀，趕快離開。

（4）凶手一開始在圖書館和師生對峙時，要求那些擅長運動的風雲學生站起來，但是沒有人動，其實這類學生很好辨認，他們穿戴的襯衫和帽子很顯眼，而且上面都有校徽，當時其他在場的學生幫忙擋著或遮掩，這樣的行為既善良且勇敢。如果當事人聽從凶手的指示，或是自己站出來承認身分，其實不太可能拯救得了別人，更不可能自救。如果有機會藏起被當作目標的人，你應該勇敢去做，這也是非常有人性的立場。

（5）臥倒在其他受害者血泊中裝死的學生，做了非常妥貼的選擇。他沒辦法逃走（那個時候誰也逃不走），也不能躲藏，因為移動會引來凶手的注意。反之，他有勇有謀，憑直覺相信凶手的心思已經被很多想法和目標佔據了，大概會忽略他。他果然是賭對了。

（6）唯一真正和凶手直接對抗的是年輕的莫瑟。我們無法知道他真正的打算是什麼，他很可能相信自己的行為至少可以阻撓凶手，所以莫瑟可能想反抗，也可能是勇

敢。不過，如果他認為自己快死了，或是覺得阻撓凶手就能拯救別人，那他當時的行為大概是奮起猛力攻擊凶手。我寫這本書的宗旨，不是要提供你放手一搏的訓練或專門知識，不過我要說：在千鈞一髮之際，你的生死取決於自己的行動夠不夠凶狠、夠不夠明確。你的行動應該兼顧凶狠和明確，彷彿天底下只有殺死或弄殘眼前的這個人，才是唯一重要的事。這確實是最重要的事，不過一旦有人發難（就像 Shop an' Spend 的例子那樣），其他人通常也會響應。如此一來，那寶貴的幾秒鐘往往能扭轉本來被凶手控制的局勢。

（7）凶手一離開圖書館，剩下的人質立刻逃離現場。這絕對是正確的行動，後來兩個凶手回到圖書館結束自己的生命，但是毫無疑問，在他們自殺之前，一定會先殺死更多人質。

說你成為攻擊目標並不是指涉你的身分。在危機當中，你不應該想著為自己的種族、性別、職業、宗教分類，而是該想此刻你位在什麼地方，凶手如何看待這裡，進而如何看待你？有時候答案直截了當，如果你是在匹茲堡猶

太教堂（或任何宗教朝拜之處）裡，聽到恐懼的呼喊和槍聲，這時候根本不需要直覺，你都知道自己只是因為剛好置身其間就成了攻擊目標，和你是不是猶太人無關。哥倫拜恩高中也是一樣的道理。至於脈衝夜店的案子，你有可能剛好撞見搶劫，或是個人仇殺，甚至是幫派械鬥，所以比較難分類，如果你一定要分類那就隨你高興。

　　你的第一步行動還是和錯誤地點／錯誤時間的情境一樣：逃跑，盡可能快跑。就算安全了也不要停下來，不要圍觀，務必要跑得比你一開始覺得安全的地方更遠。

　　如果無法逃跑，那就開始避開，哪怕選擇很有限也必須躲避。如果是你上班的地點出事，那麼你應該很熟悉各種可能（見下一節），如果不是，你將被迫很快做出抉擇。假使不是自己熟悉的工作場所，你躲避的原則就是盡可能遠離槍擊處，例如哥倫拜恩高中的情況，有些師生一開始往體育館跑，一整群人行動有其優勢。這時候一定要把手機調成靜音，這點和錯誤地方／錯誤地點的情境相同。任何噪音都會壞事，電話鈴聲和你講電話的聲音都可能出賣你。如果你不確定凶手在哪裡，或是不確定究竟發生了什麼事，就使用簡訊溝通。在這類槍擊情境中，你可能會被困住相當久，所以保存手機電池的電量終究會派得上用場。如果你認為自己可能置身槍擊事件當中，讓別人

曉得你可能沒辦法頻頻傳訊，但依然保持雙向溝通，手機不但能讓你知道究竟發生什麼事，也可以讓你知道情境是否出現變化，或許有機會逃走，因為逃跑應該是你一直放在心上的第一優先要務。

如果你和凶手對上，相信自己末日即將來臨，那麼最後行動該是保護自己。如果你想要盡可能找到生機，就應該在事先想好這個可能性。和任何情境一樣，這時候採取果斷的行動（「原則五」）是爭取好結局的最佳機會。大拇指用力戳對方眼睛、擊打或踹他的膝蓋和胯下（激進槍手幾乎都是男性），痛打他的頭臉，尤其是鼻子，因為鼻子很敏感，被打中會忍不住流眼淚。假如對方倒下去，你也不要停手，這時候不需要講究公平對戰，他不配。

也許你難逃劫運，就像莫瑟沒有逃過一樣。可是在我和其他專家看來，最好還是反抗壞人，讓對方知道你不會束手就擒。世界上永遠需要更多真正的英雄，你已經曉得，必要時挺身而出就是不折不扣的英雄。在此我唯一的願望是你永遠沒有機會當這種英雄。

1999 年年哥倫拜恩高中槍擊案發生時，迪安德芮（A. J. DeAndrea）警官是反恐特勤組（SWAT）的組長，後來 2006 年科羅拉多州普拉特峽谷高中（Platte Canyon High School）發生另一件槍擊案，凶手單槍匹馬做案，

迪安德芮也在場。當時那個懦夫槍手被警方擊中時，迪安德芮只離他 4 呎遠。後來迪安德芮成了國際知名的激進槍手專家，不過他的經驗和專門知識並不限於事發後因應這一部分。2018 年，迪安德芮的女兒去了加州千橡城（Thousand Oaks）的國界酒吧燒烤俱樂部（Borderline Bar and Grill），享受西部鄉村舞蹈之夜，不料一名槍手突然闖進俱樂部開火，最終殺死 12 個人。所幸虎父無犬女，她早有準備。當明白自己無路可逃時，她和幾個顧客與一位酒保避開了──他們爬進酒吧的閣樓，最後全都安然無恙。迪安德芮的侄子也經歷過另一場高中校園槍擊案，同樣幸免於難，方法是拔腿狂奔，終於保住性命。

　　迪安德芮家族直接捲入這麼多件由激進槍手犯下的槍擊案，在統計上實在很不可能發生，因此也無從計算發生機率。我們聊天時，我給迪安德芮的建議是考慮投資買彩券以備退休，因為如果有任何人能戰勝機率，此人非他莫屬。迪安德芮時時強調大家需要不斷的積極思考：萬一自己捲入槍擊案該怎麼辦；為此他提供了這個金句：**逃（escape）、避（evade）、禦（defend）**。在警方獲報前來支援之前，你都只能靠自己，因此必須一肩擔當。「你做的決定是名符其實的攸關生死。假如你在心裡已經有所準備，如果你在危難時刻自己承擔責任，那麼在生命

中的那個關鍵時刻,你就有比較高的機會幸免於難,繼續過你的人生。」

工作場所

有個地方你絕對應該做好準備,那就是工作場所。問問自己:在這個你清醒時待最長時間的地方,會出現什麼型態的槍手?你在錯誤的地方工作嗎?你和同事可能成為槍手的目標嗎?槍手會如何進入你的工作場所?你絕對應該弄清楚逃跑或避開的替代出口在哪裡,避難的地點又在哪裡。弄清楚這些以後,你甚至可以協助雇主,為意外攻擊做更好的準備。

釐清你的替代出口,可能的話找兩個,分別給它們編號:一號出口和二號出口,這讓你在情急之下不加思索就會自動跑去一號緊急出口,唯有在主要出口被封死或你認為它比較危險時,才改走二號出口。

釐清躲藏的地方。你要考慮它們的屬性,避免被找到。洗手間不是最佳選擇,沒有對外通道的死路也不理想,但若是位置隱密或難以發現,也可以接受。比較好的地點是如果槍手從另一頭進來,這個地點容許你努力爭取自由和安全。另外,也要考慮這個地點能不能承受槍彈射擊,辦公建築的標準室內牆壁擋不住子彈,反之磚石擋子

彈的效果良好。家具、數量夠多的成箱紙張（信不信由你）、機具、辦公室設備都是很好的擋子彈選擇。

如果你負責保護其他人或企業領導人的安全，就要多花點時間替建築和員工做好準備，只要投資短短時間，就可能得到極高的安全保障價值。你可以和當地警察局聯絡，請求協助。

結論

我明白激進槍手和經常與其相提並論的極端主義是敏感話題，我希望納入這項主題可以為你提供簡單的決定和行動，萬一你不幸碰到這類極為罕見的事故，而且發現自己處在槍林彈雨的危險中，就可以派上用場。在槍擊情境中，最重要的第一步就是迅速判定你究竟是槍手的目標，抑或只是剛巧來到錯誤的地方。判定這一點之後，你就能採取恰當的行動。

我選擇的兩個案例分別代表槍擊危機的兩個種類，它們也都是開先河的案例。北好萊塢搶案開啟執法單位擴大使用軍中武器和戰術的時代，至今方興未艾，而哥倫拜恩高中槍擊案則引出不幸的趨勢。在我特別描述的這兩樁悲劇中，透過個人的故事與行動，你可以看到他們如何造成影響，萬一易地而處，你會怎麼做？話又說回來，這兩

個案例也是極端條件與結果的例子，如果你不幸捲入激進
槍手的情境，從統計上來說，凶手的動機可能和被害人有
私人關係（不論是你或是附近的別人）。這不會讓情況變
得比較好，可是知道這一點可能對你有利。

　　這一章的某些建議聽起來可能不言自明，但是它們
很重要，你需要在事前慎重思考這些情境。如此一來，當
危機驟然降臨時，你就會做出自動反應，若是等到事故發
生才「開始」思考該怎麼做就太晚了，所以你需要未雨綢
繆。

　　我在此分享的一切，都不能保證百分之百有效，因
為有些變數是預料不到的，例如事故地點、槍手的意圖與
能力，甚至你自己的行動。不過我還是強烈建議你自己拿
定主意，決定要怎麼做。當然你是在賭機會，但總比好過
任憑槍手做選擇。別讓你的命運掌握在凶手的手裡。

減少留下個人
資訊足跡

保護個人資訊

　　PII（personally identifiable information，個人識別資訊）是一個含意廣泛的字眼（唸作「P、I、I」或「拍」，要看你是電腦高手或平凡人而定），指的是能夠辨識你的身分或是找出與你相關事物的個人資訊。在經常爭辯其確實意義的專家眼中，這是個敏感話題，已經導致大西洋兩岸的美國和歐盟之間的摩擦（因為兩方都需要吵架的藉口）。美國國家標準與技術研究院（National Institute of Standards and Technology）將個人識別資訊定義為可以用來追蹤身分的任何事物（社會安全號碼、生日、出生地等等），以及可以用來連結你這個人的任何資訊，譬如你的雇主，或是金融、醫療方面的記錄。歐盟避用「個人識

別資訊」，比較喜歡使用「個人資訊」，用的範圍也比較廣，所以連網路 IP（網際網路協定位址）這麼簡單的東西，也被視為敏感資料。總之，你只要明白在美國「個人識別資訊」比較通用，而歐洲則多採用「個人資訊」即可。

　　對於你我而言，從保障個人安全的角度來說，個人識別資訊就是任何能夠拿來辨識你的身分、找到你、瞄準你的資訊 [10]。你要這樣想：假如個人識別資訊可以拿來辨識你的身分，以及知道在什麼時間可以去哪裡找到你，那麼保護這項資料就變得很重要了。畢竟你不會把個人的蛛絲馬跡呈給連續殺人犯邦迪，所以也不要呈給陌生人。

　　你也可以把自己的個人識別資訊想成個人資訊足跡，和個人碳足跡的想法類似，你的目標應該是減少足跡，減到越少越好。由你的行動所組成的個人識別資訊，每一天都放送到全世界（可能是你自帶的身分或在網路上可取得的資料）。想要減少碳足跡，你必須採取一些看似微小但刻意為之的行動，才能幫助改善環境，同理，減少個人識

---

10 與納稅識別碼（tax ID）或社會安全有關的詐欺，以及其他假冒身分型態的犯罪，並不在本書討論範疇之內。但是未來全世界發生這些類型犯罪的頻率和嚴重程度將會持續增加，所以我也鼓勵你花時間考量和投資保護個人資訊。不過第一步就是要保護你的個人識別資訊。

別資訊足跡有助於減少你的個人安全風險。

保護資訊的一般原則

你的個人資訊大致有三類漏洞。第一類是實體的，別人可以看見或偷走的有形物件，例如皮夾、晶片卡（刷了就能進入特定建築物）、手機、平板電腦、筆記型電腦等等。第二類是含有你個人識別資訊的設備漏洞，譬如你在使用缺乏安全防護的網路時，駭客伺機入侵你的手機或電腦。前兩類是從你那裡偷走個人資訊，然後再利用這些資訊進一步竊盜，或針對你這個人犯案。第三類漏洞不然，實際上是你送給別人的禮物，對象無處不在，那就是……你免費和世界分享的資訊。我之所以說禮物，是因為你自己把資訊拱手讓人，不是別人向你索取。這個禮物還會不斷複製送出，因為一旦上了網，這項資訊就會永遠留在外面的世界，就像核廢料或塑膠，永不消滅。別人拿這樣的資訊來對付你，完全是合法的行為。你自己想想看吧。

實體漏洞

保護個人資訊和電子設備，要從「原則一」做起，也就是情境覺察。當你搭乘火車、公車、飛機時，或是在咖啡店，應該要注意周遭的動態，而不是心無旁騖地滑手

機或聽音樂，就能夠防範罪犯和鬼鬼祟祟的傢伙從你肩後偷看。站在目標對象身後偷看以竊取對方個人資料，是最簡單也最不需要技巧的手段。如果你正在使用網路銀行、社群媒體，或是任何呈現你個人資訊的程式，就要特別留心這一點。你要知道螢幕對著哪個方向，如果是在擁擠的地方，譬如地鐵或繁忙的街道上，如果非要查看電話，請嘗試將螢幕盡可能貼近自己的身體。假如你太懶，沒有注意到這些，就該預料到資料會被偷窺，而你自己甚至都不知道。

　　注意你穿著的衣服外面所展示的資訊，脖子上掛著公司出入證就是明晃晃的資訊大放送，同理，信用卡和駕駛執照也不應該露在外面讓人看見。坐在餐廳用餐或到雜貨店買東西時，如果你脖子上掛者透明夾，為了方便起見，一面放公司出入證，另一面放駕照，這麼做無異是對外界傳送你的姓名、你工作的地方、你家的住址。有一天我約人去一家繁忙的餐館吃午飯，短短 4 秒鐘之內，就捕捉到右圖的資料。沒錯，「不到」4 秒鐘。

　　我只是用手機對準那位女士的證件，再拍一張局部放大的照片，就取得了詳細資料，照片拍到的是她公司的出入證。那位年輕的女士根本不曉得，就在她咬一口三明治的時候，而且身邊還坐著兩個懵懂的同伴，她的資訊已

經被別人取走（照片已經打了馬賽克，因為這本書是關於好人的書）。此外，我拍的照片甚至不是非法的，只是在公共場所隨手拍的快照。她的同一筆資訊可能也被監視錄影機拍下，看到錄影帶的任何人都能結合臉孔辨識技術，進一步擴充相關個人識別資訊的內容。當我看著這支快樂三人組離開餐館，走到店外取車返回公司時（哪一家公司我也已經知道），我又注意到最後一筆資訊：車子的廠牌、款式、顏色和車牌號碼。

設備漏洞

今日世界中，行動設備如手機或平板電腦已經有效取代桌上型電腦，然而我們在日常生活中，往往忽略行動設備的安全。譬如很多人忽視反覆叮嚀的通知：「系統已經準備好更新」，這項疏失可能使你的手機或平板電腦出現漏洞，讓未經授權的人接觸到你的敏感資料，致使資料流失，也可能造成身分資料失竊。雖然沒有辦法可以保證你永遠不會經歷任何型態的攻擊，也沒有任何方法可以預防我們想像得到的每一種攻擊，但是你可以、也應該遵循一些基本安全實務，以確保自己的設備和資訊盡可能安全。

（1）**為設備上鎖**。未上鎖的手機只要輕輕一撥就能開啟，萬一手機被人偷走，或是丟失後被人發現，那麼手

機的內容就等於向對方完全公開了。四位數密碼很容易記住，圖案鎖也很容易操作，我自己設的密碼是 1234，可是你不要用，因為講出來就失靈了。開玩笑的，你可千萬不要用 1234，更不要用 0000，而要選擇比較複雜的數字組合。手機上鎖能很有效阻止別人未獲授權就接觸到手機裡的一切資訊，有些人可能會這樣想：「噢，反正我的手機裡面除了簡訊以外，也沒有太多東西。」可是你想想，假如小偷能打開你的手機，就能夠取得你所有聯絡人的資料，不只是你自己的。萬一你家裡裝了 Ring 智慧門鈴（或是居家安全業者販售的同類設備），那麼你的手機裡便會安裝控制門鈴的應用程式，也可能會預設保持登入狀態。這麼一來，小偷就能開啟手機上的應用程式，看到你家的地址，然後直接找上你家了。這恐怕不是任何人希望看到的，所以還是鎖上你的手機吧。

（2）如果嘗試解鎖智慧型手機數次，都因密碼錯誤而失敗，手機的預設程式可能會自動恢復出廠設置，一概抹除你所有的資料。如果你**在雲端備份了資料**（確實應該這麼做），那麼既不會損失任何資料，小偷也無法得逞。

（3）**隨時更新設備**。雖然設備更新也會處理軟體漏洞、效能等問題，但是最重要的目的是修補安全漏洞。不論什麼時候，只要看見更新通知，千萬不要視而不見或乾

脆關掉。

（4）**盡可能採用多重要素驗證**（Multi-factor authentication，簡稱 MFA）。雙重驗證（或稱雙要素驗證）也有效，至少比完全不驗證好。這兩種方式都是為登入程序增加額外步驟，譬如在允許你完整存取個人帳號之前，先傳送一組密碼給你，並且要你用指紋驗證，以確保安全。你務必每次都按照指示驗證。

（5）**在設備上安裝應用程式時要小心**。很多應用程式裡隱藏了間諜程式、惡意程式，這一類居心不良的程式，目的都是要竊取你的資料。沒錯，它們存在的原因不是為了讓你打爆糖果而得到娛樂，而是為了捕捉你的資訊好賣錢。你拿來從事網路金融交易或使用敏感資料的任何設備上，都應該剔除沒有把握的應用程式。Google Play 程式商店的架上販售某款應用程式，不代表它完全安全可靠。蘋果和谷歌固然會檢查、掃描他們架上的應用程式，卻也無法保證完全沒有錯漏，過去這兩家公司已經下架許多應用程式，就是因為內藏惡意程式、間諜程式，以及其他入侵軟體。你可以定期檢查應用程式的許可設定，確保它們只能啟動必要功能，藉此進一步降低安全與隱私風險（相關設定位在裝置設定底下的隱私項目。）基本原則就是對應用程式要有常識，你沒那麼迫切需要好玩的遊戲，

如果真的很想玩，那就將它安裝到其他不含敏感資訊（如網路銀行）的設備上，否則你就是在拿自己的整個金融帳戶賭博。

（6）**確認打開手機的「尋找我的 iPhone」或「尋找我的設備」功能，以防手機失竊或遺失**。這些程式提供手機地理定位的方法，可以遠端上鎖，還能遠端刪除手機裡的資料。幾乎每一部手機的設定選項中都包含這個功能。

（7）**使用密碼管理器（password manager），或是確實使用複雜的密碼**。我曉得嘗試記住一長串混合字母、數字和特殊字元的密碼很頭痛，但是密碼越複雜，就越難被別人猜出來。如果你能自創一套模式或使用諧音，來代表對你個人有特殊意義但別人都不知道的密碼，就比較容易提高手機的安全性。

（8）**不要每樣東西都使用同一個密碼，此外還要定期更換**。我相信你看過報導大公司資料被駭客竊走的文章，例如美國消費者信用報告機構艾可飛（Equifax）遭駭客攻擊事件，造成數百萬用戶資料暴露，隨後這些資訊又被有心人拿去破解銀行帳戶、申請信用卡帳戶，或是從事其他可能造成嚴重金融損失的活動。要防止這種風險，最好的辦法之一就是經常更換密碼，特別是網路銀行的密碼，而且要設複雜的密碼，或是使用可靠的密碼管理器，

它能提供非常複雜的密碼，而且能輕易、迅速更改新的密碼。

（9）**使用手機上那些提供存取個人資料的應用軟體時，切勿勾選「保持登入狀態」的選項**。大多數網路銀行應用程式經過一定時間之後，會自動將程式登出。儘管如此，亞馬遜購物之類的應用程式卻會保持登入狀態，萬一你的手機失竊，或是被別人拿去使用，你等於免費幫他們的耶誕禮物買單。讓他們做白日夢去吧！

（10）**每天都替自己的資料備份**。不論你用的是安卓手機或是蘋果手機，裡面都有內建備份功能，第一次使用新手機的時候就應該啟動這項功能。你可以選擇要備份什麼內容，最起碼應該天天備份自己的聯絡簿和其他重要檔案。許多手機廠商，譬如 Verizon、Google、微軟，都提供雲端備份，那是你的第一優先選擇。假如你選擇只將資料存放在手機裡，萬一手機失竊，那就全部泡湯了。

另外兩項特定漏洞

未加安全措施的無線網路（Wi-Fi）：避免連上這種網路。罪犯可以利用公共無線網路竊取你的個人資訊，例如電子郵件、照片、聯絡人資訊、密碼、敏感文件、銀行往來資訊等等。建議你使用虛擬私人網路（virtual private network，簡稱 VPN）來降低風險。VPN 應用程式會在你的設備和遠端伺服器之間創造加密「隧道」，保護你的資料不遭到壞人窺探。舉例來說，如果你正在使用手機檢查銀行帳戶餘額，或是在地鐵、咖啡店用手機付帳單，VPN 提供多一層安全保護，使你的資料不至於落入壞人手中。

電子門鑰：旅館房間的電子門鑰是你送給罪犯和強暴犯的私人禮物卡。如果你離開房間時，將用不到的多餘門卡放在房間桌面上，無異是邀請清潔人員偷偷換走，然後賣給有心人，而你永遠不會曉得。想要取得電子門鑰上的資料，需要有掃描器，所以其實蠻複雜的，問題是擁有掃描器的人比你想像得多。所以別人可以拿複製的門鑰，趁你熟睡時進入房間，或在你出去時潛入洗劫財物。外國情報單位經常幹這種事，他們做案的國家遠超過你的想像，而且做這些勾當的外國探員並不是 007 情報員那種，他們可能潛入你的房間，蒐集關於你的資訊（例如從你的筆記型電腦中取得資料），然後轉賣出去，也可能以「安全」為理由，把這些訊息輸入他們國家的資料庫。

社群媒體使用規範

社群媒體平台無所不在，已經融入大家的網路生活，它們是朋友與家人之間保持聯繫的絕佳管道，也是我們與

世界連結的好方法。可是請記住,在你生活中的這塊領域,你是心甘情願把自己的資訊交給別人,並沒有人來偷取你的資訊。我可以告訴你,我們在瞄準恐怖份子甚至敵軍戰士時,找出他們所在位置的最佳工具之一,就是社群媒體。你無意中(更糟的是欣然同意)交出一座資訊寶庫,讓壞人揣度出你的身分、你的住處、你常去的地方、你什麼時候在家、你的家人朋友可能是誰。真夠笨的!不過,當你使用社群媒體時,還是可以遵循一些簡單的規則,防止壞人傷害你或你摯愛的人。

(1)社群媒體平台的隱私與安全設定有其存在的理由,所以務必確認你限制哪些人可以看到你的個人檔案和貼文。為你的社群媒體帳戶設定複雜的密碼,而且要經常更換。

(2)有人請求關注(follow)你或請求加入你友人名單時,要注意只接受你覺得合宜的對象。有些人來者不拒,所有請求一概應允,罪犯和跟蹤者擅長利用這一點,有時候會冒充已經和你有聯結的人。

(3)永遠小心你的貼文內容。記住,一旦貼上網,它就會待在網路上,永遠無法抹除。

(4)出門旅行時,不論時間長短,不論是出差或是遊玩,務必等到返家之後再貼文。切勿事先張貼旅行目的

地和日期，因為跟蹤者和心計深的罪犯會利用這些訊息，將出門在外的你當作目標，而你家也可能因此成為宵小闖空門的對象，甚至危及家裡的人。網路上有一些交換情報的論壇，通常是蒐集社群媒體上那些當事人在出發前不智暴露的旅行計畫，在黑暗的網路上，人人都能看見這些資訊，小偷也看得到誰去度假了，甚至只是出門過夜一個晚上，他們都能輕易找上門去洗劫。我不是開玩笑的，竊賊可以透過地理定位辨認目標，結果就是：「嘿，史密斯夫婦出門了，星期五才會回來。咱們幹一票吧！」

（5）務必確認你已經關掉網路平台上的位置標記（location tagging），這麼做確保你的貼文和圖片不會和你所在的位置一起被標記。這也需要你點幾個步驟做設定，因為你的社群媒體供應商喜歡知道你在哪裡，這樣更有利於販售你的資訊給其他商家。那不是你要的吧！

（6）生活模式。如果你光顧相同的酒吧、餐館、咖啡店，然後每天的貼文裡都有這些地方，那你就是自己創造了一個目標素描檔。最好是變換慣例，讓別人無從預測你的動態。

結論

當你考量自己的個人識別資訊時，有兩件事最重要。

第一是你分享的內容和不分享的內容（這個更重要）必須
前後一致，當你將一筆重要資訊放到網路世界裡，譬如你
的地址、生日、工作地點，這一放出去就是永遠。所以
絕對不要與他人分享，就像你不會把這些資料給邦迪一
樣……他只需要找到你的地址，一次就夠了。

　　第二是不可預測性。或者換一種方式説，不要與全
世界分享你的生活模式。讓人人知曉你幾點上班、幾點回
家，每天早上 10 點在哪裡買咖啡，或是你和朋友下班後
去那裡喝酒，等於也在邀請邦迪一起來玩。

網路到面對面約會

你認識了一個人，一個令人心動的男孩或女孩。不過因為你有見識，而且讀過「工具四」，所以沒有犯傻，沒有把自己的任何個人識別資訊交給對方。還有，對方的名字不叫邦迪。現在到了在真實世界見面的時候了，你對這個機會挺認真的，想要看看對方是不是你的真命天子，至少看看適不適合現階段交往。因為讀過本書，所以你配備了所有的原則當武器，也許還帶了防狼噴霧和戰術筆。以下這些祕訣要教你如何踏入這塊領域，確保全身而退。希望你已經慎重選擇，而且全身而退之餘還得到樂趣。不過，不怕一萬，只怕萬一：

去哪兒吃晚飯、喝咖啡或喝酒？該怎麼進行？如果你已經將本書從頭讀到這裡，那麼面對第一次約會時，這個決定很容易下：你要找一個或同意去一個自己熟悉的地

方。假如對方建議去你沒去過的地方，你就這樣回答：「我
知道有個很棒的地方＿＿＿＿＿＿（填入你中意的去處）。
你一定會很喜歡。」除了熟悉之外，這個地方還需要有良
好的照明（你又不是在找求婚或被求婚的浪漫地點），顧
客人數眾多（道理很明顯），而且要有開放的出入空間，
如此才不會被對方尾隨跟蹤你回捷運站／停車場／住處。
如果你和這個人是在網路上或透過應用程式認識，不要和
他分享額外的個人識別資訊，例如你的手機號碼或住家地
址。挑選某個地點和時間，然後使用應用程式作為備用聯
絡方式，假使對方依然擔心沒有手機號碼會聯絡不上你，
不妨提醒對方：人類在發明手機和交友軟體以前，已經用
這種方式做計畫好幾百年了。這些你心裡都應該有數。

　　約會該做什麼？如果初次約會不僅是簡單喝個飲料
或吃一頓飯，就需要做一些活動，但是現場一定要有其他
的人，或是選在公共場所。有時程計畫或安排好的活動最
理想，如果你喜好運動，不妨去攀岩體育館；烹飪課或其
他課程可以互動，還提供確切的開始和結束時間；體育賽
事或音樂會在公共場所進行，也很適當。避免去偏遠的地
方活動，例如去荒郊野外登山，那些地方等到你認識對方
更深入一些再去。我建議玩飛行傘，不過這是個人偏好。

　　溝通。我不是要教你如何和約會對象說話，到那個

節骨眼兒，你就得靠自己了。我這裡講的溝通是要你傳訊息給自己的安全網（朋友、父母、同事、鄰居）。你需要與他們分享的關鍵訊息包含四個 W，也就是 Who（人）、What（事）、When（時）、Where（地）：你要和誰出去（提供姓名、電話，或是你用來敲定約會的聯絡方式）？你計畫約會要做什麼？你打算去哪裡約會？你計畫什麼時候回來？約會當中，請若無其事的提起自己的朋友、老媽、幹特勤的死黨或是在聯邦調查局當幹員的鄰居，說你告訴他們這場約會的人、事、時、地細節時，他們都覺得主意很棒。

　　如果你們約會的地點是酒吧，還有另一種型態的溝通，那就是你提早抵達約好的地方，告訴調酒師或服務生這是你第一次約會。這是一個老練的紐約人與我分享的祕訣，他對約會戰爭見多識廣，本身也是調酒師。酒吧員工可以扮演第二雙眼睛，在你去洗手間時看好你的飲料，確定你的杯子裡只有酒吧調出來的飲料。萬一情況出了差錯，他們可以幫你安排回家的交通工具，或請某個員工護送你回家。你可以請他們在你喝完第一杯酒之後，接下來只端給你無酒精飲料，這樣可以避免和約會對象進行要不要喝酒的尷尬討論。你想知道我怎麼看這個酒吧老鳥給的建議嗎？我認為他的這些建議具備特種作戰的精髓：隱

密、簡單、有效。

要武裝自己。我不是在開玩笑。説真的，你已經讀過「工具一」，這時候應該已經做好一些準備。你手邊應該備妥防狼噴霧或戰術筆，萬一約會對象明顯死纏爛打，你決定要提早離開，這時候武器便能派上用場。最關鍵的時候是你離開約會對象身邊，或是兩人分道揚鑣時，把你的手插進口袋、皮包、背包、書包，不管什麼，反正裡面裝著你的防身工具。最好把它抽出來握在掌心裡，直到你確知自己到了安全的地方，或是抵達安全的距離之後，才把武器放下。如果對方陪你一起走路去取車或去捷運站（絕對別讓他陪你走路回家……原因你很清楚），哪怕對方看起來很棒，你也要預防他企圖強迫你上車或進入某處。

動用你的直覺。出門約會之前，好好想一想，檢視並加強直覺提醒你的事情，在能力所及的範圍內，備妥你覺得對你最有用的事物。然後在約會時，一邊聆聽對方講他怎麼栽培得獎櫛瓜的精采故事，一邊也要傾聽你自己內在的聲音。如果這次約會不怎麼愉快，或是收到某項你不喜歡的訊號，那麼聆聽直覺更是重要。假使對方是很明顯的「跟蹤者」，那就是訊號，注意對方有無「原則二」討論的肢體語言。另外，如果對方對你本身或你所説的話不感興趣，可能是他太過自我中心，也可能是他不把你當作

人看，或許正在評估拿你當獵物的可能性。簡單的辨識方式，就是他臉上會不由自主露出輕蔑的假笑。

　　如果你感到疑慮，或是覺得無聊，那就落跑吧。當你曉得和此人約會行不通，或是你不感興趣，那就接受事實，斷然離開。你不欠對方任何東西，不讓對方失望是常見的社會義務，要開口跟對方說你不感興趣或你們不合適，也是挺為難的事。然而最好還是把話講開，坦然表達你的感覺，而不要因為客氣，反而誤導了對方。不要害怕說：「你很好，可是我不覺得我們有共通點。我要走了。」或是：「我不是你要找的對象。謝謝這麼好的 ＿＿＿＿＿＿（填入適當的詞），這次會面很不錯，你多保重。」你不需要說抱歉，沒有什麼好道歉的。只要告訴對方你們不適合就行了，這是社交上可以接受的理由，也是讓你兼顧禮貌的脫身方法。假如你感受到壓力，或在撤離的時候懷疑對方可能出現喬依那樣的反應，這時你務必預先準備好對方反彈的情況。萬一真的出現那樣的情況，你要當場果斷解決，直接掐斷對方的念頭，不要進一步糾纏。站起來簡單說一句「我要走了」，就能管用。等你離開之後，應該啟動情境覺察至高度警覺，直到平安回到家為止。

旅行規劃

奈洛比市，肯亞

　　2012 年，中央情報局（CIA）幹員維多莉亞奉命打擊索馬利亞的恐怖組織索馬利亞青年黨。這個冠著堪稱歐威爾式（Orwellian）名號的組織，不斷在索馬利亞與肯亞和其他鄰國接壤的邊界興風作浪，煽動暴力與宗教仇恨。維多莉亞平常都在美國工作，但是與一位和索馬利亞青年黨有關係的肯亞線人越洋合作，現在需要和那個人親自碰頭，意思是她必須前去肯亞首都奈洛比市。彼時索馬利亞青年黨在肯亞非常活躍，那一年稍早索馬利亞發生一起由肯亞人領導的作戰行動，所以青年黨正計畫攻擊對方以為報復。

　　由於維多莉亞當時以臥底身分工作，因此大部分行程規劃都在美國自己家中進行，這次打算用獨自旅行的女觀

光客身分打掩護。過去她已經學會掩飾自己因為軍方背景和家庭背景而不自覺流露出來的微妙特徵，她說：「如果碰到任何人以為我可能曾經在軍裡待過，我就告訴對方：『我當然很有侵略性，講話速度很快，一邊說話一邊還兩手亂揮，因為我是紐約人嘛。那來自我們喝的水、我們吃的貝果。』」

雖然維多莉亞打算一個人去肯亞，但實際上所有事前準備都是為兩個人做的。原來維多莉亞已經懷孕五個月，那是她的第一胎。「所以除了單身女子臥底旅行的一般顧慮之外，我還要擔心胎兒，設法避免得到瘧疾、肝炎、飲水中的寄生蟲、食物帶來的疾病，更別說氾濫的街頭犯罪和索馬利亞青年黨。」

因為維多莉亞在生活中一直以商業身分作掩護，就像普通老百姓一樣，所以除了她丈夫（本身是 CIA 的約聘員工）和需要知道內情的同事之外，沒有人曉得她是 CIA 的幹員。「直到離開 CIA 之後，我父母才曉得我的職業是什麼。我們全家沒有任何一個人擁有槍枝。」正因為如此，她在擬定安全旅行計畫時，基本上只能靠她自己，就像你一樣。

維多莉亞說：「做安全計畫所需的工具，用不到破解 CIA 檔案，說真的，最好的起點就是網路。不過你需要深入挖掘（維基百科），爬梳部落格，了解大家對你的目的

地有何說法。」她就是這麼做的，先從 Travelocity 旅遊網
站開始。你搜尋的越廣、挖掘得越深，得的資訊就會越多，
為安全旅行所做的計畫也會越完善。「人們想傾訴自己的
故事，如果碰到糟糕的經驗，他們會說出來讓你知道。」
從這些人身上，你能夠蒐羅到特定地方什麼安全、什麼不
安全的資訊。維多莉亞必須執行為時一整天的監視偵測路
徑，並找到不會惹人注意她或危及她（與胎兒）安全的見
面地點，還要確保不會連累到她的線人，因此在網路的搜
尋變得鉅細靡遺。親愛的讀者，所幸你沒有這些問題。

　　維多莉亞一抵達肯亞，立刻將重心從網際網路轉移到
人際脈絡上。因為她假扮成觀光客，當然就要造訪觀光景
點。「當然，你會覺得自己有義務把納稅人的錢花在刀口
上……」她反覆搜尋地點和路線，除此之外，她也會利用
本地人的知識基礎。旅館的門衛、計程車司機、餐廳員工，
或是另一群觀光客，都是絕佳消息來源（身為單身女子，
維多莉亞從不與男子搭訕，不管是團體或個人都一樣。）
從事前規劃的觀點來看，在你離開安全的住家、旅館、汽
車之前，有一個特別好的問題值得一問：「有沒有任何地
方是我不應該去的？」這和問：「我該去哪裡？」是截然
不同的提議。

　　維多莉亞每一天離開旅館之前會規劃當天的行程，

有時候甚至事前規劃好幾天的行程，包羅自己在網路上和當地人嘴裡得到的所有知識，以及她到了這個國家之後所累積的一切知識。維多莉亞在奈洛比不怎麼時髦的地段穿梭了好幾個星期，也去了知名購物中心和觀光區（稍微）高檔的景點。旅行結束後她回到國內，任務完成了，她也平安無事，四個月後順利產下麟兒。

維多莉亞離開奈洛比三個星期之後，四名索馬利亞青年黨的恐怖份子包圍格局散亂的西門商場，那裡是觀光客和本地人都喜歡去的熱門地點。恐怖份子劫持整個商場，同時處決人質，長達一整天的包圍事件結束之後，留下了兩百名被害人，其中有 71 位不治身亡。假如那時候維多莉亞也在奈洛比，我想她不會和歹徒狹路相逢，因為臥底身分，她一直避開西門商場，畢竟那是個極為高調的地點。

事前規劃

維多莉亞部署的肯亞之行提供了教科書式典範，從挑選旅館到觀光活動，教導你該怎麼做。不過，你的旅行事前規劃不必如此，不須像 CIA 祕密探員去恐怖攻擊肆虐的非洲國家執行任務那樣草木皆兵。反之，事前規劃應該是你培養的一種習慣，當你為下次度假預約機位和旅館時，

不要只顧選擇機票價格和旅館，要多花一些時間研究本書附錄所提供的檢核清單。

　　事先規劃最大的好處，就是你能夠在舒服的家裡從容進行。如果你住旅館，那麼在出門從事一整天活動，或是前往另一個目的地之前，在旅館裡預做計畫也有這個優點。像這樣預先規劃，就可以好整以暇的考慮一旦出門走動就可能會忽略的事情。譬如你要知道最近的醫院在哪裡，需要緊急照護時該找誰，關鍵時都很有用。當地警察局在哪裡？報警電話是幾號？自己國家的領事館在哪裡？

　　如果你去過巴黎、墨西哥市或河內，卻沒有事先盤算好剛剛說的這些，那麼就不要奇怪為什麼你發現自己處境堪憂時，會禁不住想：「現在我該怎麼辦？」為可能發生的意外事件預做規劃，絕對不會白費工夫。知識就是力量，特別是在這種情境下，知識更能保你平安。

評估目的地

　　旅行規劃的第一步就是了解目的地的情境。利用政府網站的資訊，判定當地是否具有威脅，並為緊急狀況預做規劃。我最喜歡澳洲的 Smartraveller 網站，因為它最容易瀏覽，版面設計也超級符合直覺，不是澳洲人也能使用。無論如何，你也應該瀏覽自己國家的官方網站，取得需要

的電話號碼和地址，萬一碰到緊急事件才能向政府求助。

我也建議你除了外交部或國務院的網站之外，還要進一步挖掘其他有用的資料。就像維多莉亞建議的，搜尋部落格、網路雜誌上的文章、旅遊網站，尋找你感興趣的活動種類（例如購物、探險旅行、生態觀光等），看作者推薦什麼。

利用你的研究去區分現實和宣傳花招，以下就是個例子：墨西哥的暴力。墨西哥的名聲不佳，但是這個國家每 10 萬人中大概發生 15 起持槍殺人事件，而美國則高達 120 起。儘管如此，墨西哥的汽車和財物竊盜案比美國嚴重──這也是我慘痛又尷尬的經驗。快速綁架（被害人遭到脅持，只好去提款機提出現金贖回自身）和搶劫都是常見的犯罪，不過在都會中心發生的機率大於度假勝地。知道這些細節，而不是聽信宣傳或謠言，你才能了解與自己旅行有關的真實風險。這並非偏執，而是謹慎。唯有做好這些準備，才能夠釐清個人風險與報酬，到頭來你還是要為自己的選擇負責，所以最明智的做法是盡量發揮自身能力，以獲得最完整的資訊。

觀光景點

你應該效法維多莉亞的做法，利用網際網路找出熱

門景點和一般人常去的觀光勝地，有些最知名的地點，例如羅馬競技場、倫敦蘇荷區（Soho）、紐約時代廣場（Times Square）等大都市裡特別熱門的去處，常會出現各種不同型態的罪犯，在一年中不同的時間，甚至在每天不同的時段出沒犯案，因此你需要在事前知道這些，以提高警覺。回頭複習情境覺察那一章：任何吸引觀光客的景點，不論是熱門時段人潮擁擠的地方，或是天氣不佳或深夜荒無人煙的地方，你都應該時時刻刻保持認真覺察的狀態。在比較可能被壞人當作目標的環境中，提高警覺並不是偏執的做法。

在此我要說幾句關於限制活動和綁架的話。在撰寫這本書期間的訪談和回饋過程中，這兩個話題一再引起我的注意。世間沒有預防限制活動或綁架的神丹妙藥或特殊考量，因為要保護自己不遭到這類侵犯，和事先預防其他種類的犯罪並沒有兩樣。會發生綁架的地點，同樣也會發生其他犯罪，它只是一種犯罪種類，而從防禦的觀點來看，和防範搶劫或性侵並無不同。預防始於你的情境覺察與直覺，止於預防行動和重整旗鼓。

緊急狀況

在你啟程旅行之前，而不是抵達目的地之後，就必

須先知道何時聯絡、如何聯絡有關當局；若是等到抵達目的地再來做這件事，就好比在敵後發動戰鬥任務之後，才著手計畫如何應付意外事故，你不需要是老兵，也明白這主意爛透了。為自己個人安全做規劃是一種習慣，碰到最糟的情境時，你需要官方機構或醫療設施，在分秒必爭的時刻救人一命。最起碼你要知道旅館附近哪裡有醫院或醫療照護設施，也要知道如何立刻報警。

假如你在國外碰到任何動亂，譬如 2020 年新冠病毒大規模爆發，或是當地發生大地震，甚至是出現國家危機（大部分人不曉得泰國已經歷過多場軍事政變，回顧 2008 年，我曾親眼目睹曼谷紅衫軍對抗黃衫軍的暴力動亂），你需要知道萬一網路斷線或手機不通，你應該到哪裡去。不論你是哪一國的國民，最保險的消息來源就是貴國大使館，當別的辦法都行不通時，大使館也是你的安全保障。

旅館

第一點，絕對不要以旅館或度假中心的網站來判定其安全與否。他們的網頁所呈現的一切肯定是至善至美，但那是行銷手段，可以用來評估舒適程度，但不能用來衡量安全性。只要在谷歌上輸入這家旅館的名字、地址或所

在街區，就會洩露該旅館不願意你曉得的事件或趨勢。你可以利用這項資訊，更完善的評估自己的安全，或是決定要不要選擇去那個地點。牙買加（Jamaica）有一些高級度假旅館發生過很多起性侵案件，有些是員工犯的案子，這樣的事件不會上新聞，只有數量多到一定程度，才會浮出檯面，提高大眾覺察程度。我不是建議你避開這處廣受歡迎的加勒比海度假勝地，然而在短短兩年期間，當地旅館明顯想要鎮壓自家發生頻繁和嚴重性侵案件的消息，企圖保護他們的生意。上谷歌網站搜尋牙買加／度假中心／性侵案，結果會出現一長串近年發生的報導文章。你難道不希望自己在踏入該地之前，就曉得這些事嗎？

在特種作戰和祕密工作圈子中，挑選特定型態的房間是普遍實務。**不要挑位在一樓面向建築物外側的房間。二樓到六樓是最好的樓層**（一樓太容易被滲透，六樓以上萬一發生火災或恐怖攻擊，會比較難撤離）。如果你打算訂房間，請利用本書附錄的旅館檢核清單。假如是透過網路訂房，比較難判斷某些事情，例如門鎖的種類，以及門禁時間。我建議你直接打電話去旅館詢問，確保對方符合你需要的條件，等到問清楚了，你大可掛掉電話，再透過自己喜歡的網站訂房，以便兌換那些你認為重要無比的「點數」。

結論

　　為了維護安全所做的旅行規劃，主要是關於事前的思考，而不是因應目的地的環境或文化。這樣的規劃不必複雜，也不需要記誦細節。網路上有很多免費資源，譬如政府網站、旅行社、專門景點、旅遊網站。不論你從哪裡獲得資訊，針對你打算去的地點、當地的潛在犯罪與其他威脅（例如健康或天氣）、文化特殊性、你計畫從事的活動等等項目，你挖掘得越深，就越不容易被壞事驚擾。出門旅行圖的不就是自由自在、無憂無慮的探索嗎？

後記

　　這本書絕對無法解決所有威脅，也不是適用一切安全顧慮的對策。然而我希望這些內容提供新的視野，增加你對自身覺察與天賦能力的信心，在問題發生之前便加以預防，或在碰到有威脅性的個人或危險情境時，有效避開這些問題。

　　你要使用每一項原則，因為它們的宗旨就是要你好好利用。從情境覺察和直覺這兩大基礎開始，不管置身任何環境，都要靠它們來塑造你對該環境的了解，將兩者都用上，你就能「知曉」，而知曉到頭來則會容許你判定自己是否碰到問題。如果真的碰到問題，那你就要趕緊擬定審慎計畫或倉促計畫。判定是否碰到問題，以及在危機中擬計畫，就是你「做好準備」的方式，萬一危急時刻到來，你才能果斷、恰當的採取「行動」。假如事故真的發生，

你最後的一步是「復原」。向你信任和摯愛的人求助，找諮商專家幫忙，這樣你才能夠繼續走這條人生的道路。知曉、準備、行動。現在你已經了解，這就是三大支柱，當你依序思考它們，就很容易記住了。

雖然這本書有廣泛的經驗和專門知識做基礎，但你不要什麼都聽專家的，要自己思考。將零散學來的知識運用起來，然後視情況修改，將它塑造成符合你的特殊狀況和需求。尋找其他資訊來源，花時間思考如何將它應用在你的個人安全上。不過資源只是起點，或是你規劃自己路徑的參考點。記住，在我網站的「覺察的力量」那一部分，也免費提供本書裡的所有練習，你可以把它們印出來，也可以在手機上瀏覽，只要別邊走邊看就行。

在我自己的生活中，有好幾年時間有幸在泰國和東南亞工作、旅行，那段期間我浸淫在佛教中，學習到非常多關於個人責任的想法。我將佛陀教誨的中心思想銘志於心：「毋須聽信人言，汝自體悟人生。」（譯按：這兩句不是佛經原文，是譯者自行意譯。）佛陀睿智。到頭來我創造並收錄在書裡的這些原則和工具，只是為了幫助你自己體悟。

　　危機在我們的生活中來來去去，但是日子仍然繼續過下去，而事件則在歲月中逐漸消褪。創傷事件永遠不會真正消失，只會淡化，它們周圍銳利的邊緣會慢慢軟化，變得不再那麼鋒利。我個人的創傷與暴力經驗正是如此。我在為此書做研究時，接觸到的一則故事不斷鼓舞我，亦即「那個逃走的女孩」卡蘿。儘管她有長達 15 年的生活時時被邦迪佔據，包括審判、判刑和最終執行死刑，可是等一切結束之後，卡蘿繼續前進，正常過日子，她了解自己的現實生活不斷向前邁進，而邦迪不再是其中的一部分。我認為幸福不是最好的報復，它比報復更好，因為表達幸福不需要反對別的東西，純粹只是幸福，人人都值得擁有。

　　有時候，如果我們正確行事或運氣亨通，原本以為可能出現暴力或不利的情境，最後居然自行化解了。我自己就碰到過這樣的例子，也就是和亞倫派森樂團的好友在賭城看球賽時，差點與「功夫李」、「刺青臂」發生酒後鬥毆。最後事情平和結束，但在過程中我努力降低問題嚴重性，不去滿足功夫李挑釁的欲望，給他時間將嗑藥後的注意力轉移到別的地方，我知道這招管用。事實上，那場超

級盃球賽進行到第三節時，功夫李竟然和吉他手崔西發展出兄弟情，而崔西也開始對功夫李灌輸如何為人父母（功夫李已經有小孩了），以至於球賽到了第四節，刺青臂舉止出格時（拜他又吸了一次古柯鹼之賜），居然是功夫李出面壓制住自己的夥伴。不過，這件事的教訓不是透過耐心等待情勢自行化解，而是我辨明該情境的威脅可能會擴大，於是開始做準備：擬定計畫，一旦情勢真的失控，便採取恰當的行動。幸運的是，事件最終平安落幕。

關於我在墨西哥犯的錯誤：我們的裝備補給卡車、賽車、物品全部失蹤。不過，這起偷竊事件發生後 48 小時之內，竊賊做了很自然的事：他們啟動偷來的全部電子儀器，其中一部有我們內建的衛星定位系統追蹤裝置（有些特種作戰的習慣很難戒除），於是竊賊打開機器時，我們就能夠追蹤他們的座標，利用架空衛星影像連結其方位，鎖定他們位在提華納市紛亂市區的一方街區中。我找到海軍海豹特種部隊的一個熟人，他和墨西哥軍方有聯繫，於是我們事先部署好可能的突襲。在一個報案後警察花了一個鐘頭才姍姍來遲的國家裡，這場合作行動確實令人刮目相看。墨西哥當局設法傳給我們一張照片，照片中那輛紅色福特敞篷小貨卡和我們的很類似，車子停在一個場地的布棚下，而且塞在好幾輛車子後面。看起來很有希望。

　　墨西哥陸軍迅猛衝進那個街區，發動黎明前的掃蕩。
在此同時，衛星定位系統的訊號中斷，顯示竊賊比我們原
先想得更老到。士兵突擊好幾個可能的場地，但是少了衛
星訊號，只有挨家挨戶搜索才可能有進展，但是墨西哥方
面不願意這麼做，就他們的角色而言，這是相當合理的結
論。到頭來衛星訊號始終沒有再出現，自此我們的財物徹
底消失，價值 10 萬美元的特製車輛在墨西哥的地下世界
隱匿無蹤。對我這個 30 年來從未嘗過敗績的特種作戰專
家來說，這實在是一次昂貴且苦澀的教訓，不過也再次證
明沒有人在這方面得以免疫。

　　至於我先前的特種戰士比利，也就是在本書開篇幸
運逃過暗殺的那位，後來如何呢？我很高興向讀者報告，
比利安全退伍，現在與家人住在美國中西部，他是最堅信
傾聽自己直覺的人。

　　我們四周潛伏著惡性輕重程度不一的惡魔，你不需
要是 CIA 間諜、刑警或特種作戰人員，也知道天底下不只
有邦迪一個虎視眈眈的混蛋。我們無法將他們趕盡殺絕，
可是運用你所學到的技巧，便能避免遇到這些人或與他們

對峙。還有，請記住危機之中不要考慮公平，套句已故喜劇大師菲爾茲（W. C. Fields）的話，絕對不要給渾蛋公平的機會。

　　你要知道沒有對峙和危機就代表你的行事正確，因為什麼壞事都沒有發生。在我自己的生命中，不乏夜裡在某城市街道行走，或是在第三世界戰亂地區執行作戰任務，有時候我知道自己驚險躲過危厄情境，但另一些時候我很確定自己在完全不知情的狀態下堪堪躲過一劫。同理，你永遠不會曉得自己在千鈞一髮之際躲過劫難，你沒辦法證實，但不代表你沒有達成安全過日子的目標，事實上恰好相反。從這點來看，專家和普通人並沒有差別，我們都一樣。

　　你現在已經學到了可以武裝自己的資訊，日常在家裡，到了外面的世界，都會更有信心、更有準備。現在你知道威力最強大的工具就是你的覺察力量。覺察的力量等於安全保障，而安全保障又等於信心，穩固的信心則等於個人力量，純粹又簡單的力量。

　　你知道自己不再是壞人意圖染指的軟柿子，你已經睜大了眼睛、打開心靈行走世間，準備好面對任何可能發生的事件。我誠摯希望這本書可以拯救性命，這就是我寫書的動機。

　　世界多采多姿，令人讚嘆，你應該和自己摯愛、珍惜的人一起探索和體驗，從自家門口到地球的另一頭。祝福你信心滿滿的享受居家與旅行的時光。

Acknowledgements

謝辭

　　頭一個要感謝的是我的出版經紀人懷斯曼（Larry Weissman），他一連好幾年追著我寫這本書，因為他認為這是一本不可或缺的書。我一再拒絕的原因是我的興趣在別的題材上，直到命中注定的那一天，我站在墨西哥的一座山頂上……我要感謝懷斯曼與夫人艾珥波（Sascha Alper）的積極鼓勵、卓越代理與親密的友情。也要謝謝我超厲害的好萊塢經紀人福瑞曼（Josie Freedman）。

　　在華納圖書公司（Grand Central Publishing）方面，我要感謝編輯卡爾德威爾（Maddie Caldwell），他認同我對於覺察力量的洞見和信念，相信它能夠改變人生，保障人們的安全，也謝謝他不辭勞苦改善我的行文構思，並將我最想接觸的那些讀者的觀點引介給我。感謝我的好友兼產品經理奧田真莉（Mari Okuda，音譯），她以超乎

預期的耐心修改我的文法疏漏，還有，她對曼哈坦最棒的用餐去處瞭若指掌。謝謝楊安（Jacqui Young）的協調與博爾（Rick Ball）絕佳的審稿。衷心感謝華納圖書的整個團隊，你們塑造、鼓舞、推銷、支持了我一直以來想要成為全職作家的夢想。

我還要謝謝以下這些早期的讀者，他們提供我許多建議：Casey Baker、Dave Bock、Rika N. Jain、Grace and Glen Kwon、John Nightingale、Dave Richards、Natalie St. Denis、John Schilling。感謝 Amy and Bo Huggins 夫婦提供我隱蔽的山居。

在中央情報局方面，我要謝謝維多莉亞和法蘭克分享他們的故事與專業知識；感謝特種作戰部隊的比利和達瞿，為了他們分享的作戰故事，也為了我們的同袍情誼；我還要感謝龍騰的武術專門知識〔他的網址是 www.precisionmartialarts.com，讀者可以去佛羅里達州的納瓦爾找他，就說是丹諾（Dano）介紹你去的。〕至於洛杉磯警察局方面，感謝史妲絲基與賀璩伉儷，他們是協助人民從犯罪悲劇中復原的表率，而且在我做研究期間熱心招待我。謝謝聯邦調查局幹員孟登霍爾（Grant Mendenhall）與史旺森（Tim Swanson）為我聯繫他們寬廣的人脈。感謝迪安德芮（A. J. DeAndrea），他對於

激進槍手模倣犯案的行徑，詮釋得極為到位。謝謝奧格登大都會警察局長華特（Randy Watt），他替我聯絡上史黛兒（Amber Stell），使我得以分享她對被害人復原的見解。我還要特別感謝所有匿名的倖存者與不願具名的其他消息來源。另外我很感激才華洋溢的繼子柴克（Zach Spilinek），他為我的網站出力甚多。

最後要感謝我的妻子茱莉（Julie），她在國家安全局從事情報工作，對我們這些能夠接觸到她的人士來説，她的事業很值得矚目。我將本書獻給茱莉，因為她和國家安全局的全體人員為所有美國人默默提供安全。謝謝妳與我共同構思點子，是本書最初也是最終的編輯；謝謝妳陪伴我浪跡天涯，容許我追求成為作家的夢想。言語永遠無法表達我對妳的愛與欽佩。

附錄：
安全檢核清單

旅行前的檢核清單

☐ 「行前須知」——絕對不能忽略。在你抵達目的地之前，就需要先做好研究，至少要檢查美國國務院網站，以了解任何潛在的安全問題。我另外推薦一個官方網站：澳洲的 Smartraveller 網站。

☐ 報名登記美國國務院聰明旅人註冊計畫（Smart Traveler Enrollment Program），這樣就能收到關於你目的地的安全與緊急狀況示警訊息。查詢當地美國大使館或領事館的地址和電話號碼，而且隨身攜帶。

☐ 出發之前要先掃瞄並儲存重要文件的電子檔，包括護照、醫療保險卡（譯按：台灣是健保卡）、行程表、旅遊險、簽證。將這些檔案用電子郵件寄給自己，萬

一文件遺失或失竊，你可以輕鬆取得備份。

☐ 購買旅遊險。如果財物失竊或遭到搶奪，旅遊保險通常會理賠損失。如果你受傷或遭到攻擊，旅遊保險也會替你支付就醫帳單。

☐ 確認你攜帶的手機和付費方案適用你要去的國家。務必檢查你的充電器、整流器是否適合當地，也要時時充飽手機的電池。帶一個隨身充電器，這樣旅行途中可以一直替手機充電。

☐ 將目的地的地圖下載到平板電腦和手機上，這樣你就能離線瀏覽地圖。

☐ 告知家人朋友你的最新動態，確認他們手裡有一份你的行程表，此外，你要製作一張入住飯店的日程表，這樣他們就能掌握你的去處，確認你的安危。

☐ 不要攜帶不必要的東西，譬如用不到的信用卡和不需要的證件，也不要帶怕遺失的東西，例如你平常放在皮包裡的鑰匙。只攜帶絕對必要的文件、證件、卡片等物。

☐ 財務多元化。不要完全依賴數位貨幣，旅行支票雖然已經過時，可是萬一失竊可以補發。再準備一些現金，可以用來支付街上的攤販，或是討價還價時使用。假如你的直覺判斷不安全，就不要使用信用卡。

☐ 透過網路預訂旅館房間。當你抵達時，網路訂房可以節省時間，而且入住時可以提供比較少個人資訊給櫃檯。

☐ 分散風險。把必須隨身攜帶的金錢和證件分開，放在身上不同的地方，萬一皮夾或錢包失竊，就不會損失全部財物。身後的口袋不要放東西，包括旅館的房間鑰匙在內。

旅館的檢核清單

選擇旅館的查核清單

☐ 旅館所在地區是否無犯罪或犯罪率可以接受？

☐ 旅館門禁時間內，緊急逃生出口或大門會上鎖嗎？

☐ 你需要鑰匙才能打開上鎖的緊急逃生出口或大門嗎？

☐ 出口的照明是否充足？

☐ 替代出口和緊急出口是否有足夠開放空間？如果你深夜使用這些出口，必須有足夠開放空間才不會遭到埋伏。

☐ 停車區域安全嗎？至少應該有充足的照明。

☐ 確認通往停車場的電梯不能直達房間所在的樓層。

☐ 確認房間裡的電話可以直撥旅館外面（譬如警察局）。

入住旅館的查核清單

☐ 務必等到完成入住登記，或是由門房、櫃台簽收之後，

才能讓行李離開你。

☐ 辦理入住手續時，不要把信用卡或皮夾放在櫃台上。將證件拿在手裡，等到旅館人員索取再直接交給對方。證件歸還時，你要先把它放置妥當，再接著完成登記手續。旅途勞頓的人特別容易遺落信用卡或皮夾。

☐ 跟旅館索取兩張名片並隨身攜帶，以便你外出搭計程車或碰到緊急事故時使用。萬一遭到脅迫，身上帶名片就不必努力回想旅館的資訊；在外國或陌生城市旅行，攜帶旅館名片也方便你招呼計程車，不通曉該國語言也沒關係。

☐ 如果妳是獨自旅行的女性，入住旅館時用某某先生和太太的名義登記，這樣人家會以為妳不是一個人。向櫃台索取兩把房間鑰匙。

☐ 要求旅館不要轉接電話到你的房間，如果有人找你，請旅館櫃檯打內線電話通知你。

☐ 假如妳是獨自旅行的女性，隨時都可以向櫃檯或門房開口，請他們找人陪妳進電梯，尤其是規模大的旅館。

☐ 搭乘電梯時，永遠最後一個走進電梯，這樣妳才能觀察已經在電梯裡的每一個人，而且容許妳最後一個按樓層按鍵，藉此觀察是否有人在妳抵達的樓層「順便」和妳一起走出電梯。若是真的有這種情況發生，假裝

妳把東西遺落在樓下，立刻走回電梯裡。

☐ 假如感到有人跟蹤妳，搭電梯時搭到妳房間樓層的上面一層樓，這樣跟蹤者會以為妳的房間在樓上。

☐ 將你的姓名、電話、列印的訂房資訊、一份護照影本和支付工具（例如信用卡）一起交給辦理入住手續的旅館工作人員。這麼做有助防止宵小偷聽和蒐集你的個人資訊。

選擇旅館房間的檢核清單

☐ 盡可能選擇二樓到六樓的房間。如果不行，就選擇更高的樓層，永遠不要選一樓的房間。

☐ （除了需要鑰匙開啟的鎖之外）房間大門至少有兩道實體門鎖嗎？

☐ 房門牢固嗎？

☐ 如果有相鄰的房間，兩房之間至少有一道實體門鎖嗎？

☐ 出入陽台的門上至少有兩道實體門鎖嗎？

☐ 陽台能防止別人從隔壁房間或另一層樓攀爬進入你的房間嗎？有人能從一樓攀爬到你的陽台嗎？

☐ 房間的窗戶能防止別人爬進來嗎？

☐ 窗戶的鎖是否牢靠？

☐ 除非你百分之百確定沒有人能潛入，否則睡覺時絕對

要關上窗戶和陽台的門。

☐ 「請勿打擾」的標誌應該一直擺放在門外。當你想要
旅館的服務或清理房間時，直接聯絡櫃檯或客房部，
告知你的需求。

在房間裡

☐ 一進入房間，立刻將鎖定插銷（dead bolts）和門閂
鎖上。

☐ 你可以購買可攜式安全門擋，放置在門下抵住門扇，
一進入房間立刻用上。小偷有個常用的伎倆，就是聽
見有人在浴室開水洗澡，就趁機潛入行竊。

☐ 出門前將電視機打開，音量不必太高，如果有心人在
門口側耳傾聽，能夠聽見就行。

☐ 有人來叫門時，千萬別打開看看是誰。如果你請旅館
送餐點到房間，在打開門以前，務必先詢問餐點是送
給誰的。

居家安全評估
居家安全檢核清單

在住家外面繞一圈，如果想要闖進去，你會怎麼做？
假如你連續監視自己的住家／公寓／大樓好幾個星期，你

會選擇什麼時候闖入？從想要你財物的竊賊立場思考，可知他並不想與你正面對峙。再改用美國渾蛋邦迪的立場思考。拿紙筆記下你的想法，想一想這些想闖空門的人，然後利用下面這張檢核清單，評估你住家的弱點，然後一一解決。

門戶

闖空門的人想要進入你家，第一個選擇就是門戶。如果你家的門不夠牢靠，就投資添購鎖定插銷，插銷部分必須延伸進門框〔大多數居家型鎖定插銷只會延伸到門鎖片（strike plate），連卯足勁想要破壞的小孩都能踢壞〕。請注意，住家安裝的普通門鎖絕大多數都很容易撬開。最好考慮購買那些強調安全性高於便利性的品牌，如果你的門板不夠堅固，考慮添置固定在地板上的安全門擋。

☐ 住家對外開啟的門板是否用實木或強化金屬製成？這些材質經得起打擊。

☐ 你的前門除了用鑰匙開啟的鎖之外，是否也安裝了鎖定插銷？

☐ 前門的鎖定插銷是否延伸進門框結構達 3 吋（約 8 公分）？

☐ 以相同標準檢查其他對外開啟的門戶。

☐ 如果你家有車庫,車庫連接住宅內部的門戶是否堅固?有沒有安裝鎖定插銷?

☐ 假如有窗戶開在離前門 40 吋(約 100 公分)之內的地方,你需要請教鎖匠,看看如何安裝雙插芯鎖定插銷(double-cylinder-style dead bolts),以防止有心人破窗從屋內伸手摳到門鎖。

☐ 你家陽台的玻璃拉門是否安裝兩道鎖?

☐ 門廊是否照明充足?闖空門的人一旦企圖進入,便會暴露身形。

☐ 你的門上有裝貓眼嗎?還是有窗戶可以看見誰在前門?

☐ 住家的電動車庫門可以靠破解電動開門馬達強行打開嗎?或是你根本沒有這種裝置?

☐ 你家的電動車庫門有沒有凌駕開門馬達的鎖?(現在大多數電動開門器已經改用滾動密碼,如果你家不是用這一種,你需要知道一般固定密碼很容易被盜拷。)

窗戶

每一扇窗戶都應該視為弱點,有時候闖入來源是你不曾預料到的,譬如隔壁的公寓。假如從建築物的一樓、屋頂、階梯甚至樹木,可以攀爬到你家的窗戶,你就必須解決這個問題。大部分住家窗戶上的鎖都不是很耐用,容

易被撬開或破壞。

□ 容易被侵入的窗戶有安裝牢固的鎖嗎？還是卯足勁用
力推，就可以破窗而入？（你不必破壞你的窗鎖，但
是做這項測試時，問問自己：你能破壞它嗎？）

□ 你有裝窗型冷氣嗎？竊賊可以把冷氣機搬開，然後從
冷氣孔鑽進去，或是從那裡伸手搆到窗鎖。

□ 從屋外可以看見你家收藏的稀珍畫作或藝術品嗎？如
果可以，考慮該如何掩飾，或移動擺放的位置，以免
外人看見起了賊心。

其他外部考慮

□ 你家有安裝動態感應燈嗎？

□ 你家是否裝定時明滅的燈光，以照亮脆弱之處？

□ 你是否在很愚蠢的地方放置備用鑰匙？（抱歉，如果
你把備用鑰匙放在門外腳墊下、門框上，或是明顯的
假石頭裡面，那麼你家貴重物品活該被偷。）

□ 你家有保全系統嗎？它真的發揮監視功能嗎？你有測
試過嗎？測試的時候，系統有沒有反應？警察有沒有
前來查看？（如果警察來了，你大可說自己不小心觸
動警報，不過這麼做很值得，因為你心裡會因此感到
安穩。但是別跟警察說是我說的啊。）

關於門窗和房屋外部的備註

左右拉開的窗戶和標準窗戶很容易加強，價格也很便宜。你可以利用直徑 3/4 吋或 1 吋的木釘（wood dowels，亦稱暗榫），五金行或居家商品店都買得到，將它們平放在軌道上即可。如果先量好需要的長度，店家通常會免費替客人裁切。我喜歡這一個竅門：如果你需要將窗戶或拉門打開幾吋或幾公分通風，那麼裁切的時候，在全長木釘上切下這段長度，使用時若需要開門窗通風，只要拿起裁下的這段短木釘就行了，同時兼顧安全與通風！等到想關門窗並上鎖時，再把短木釘放回去即可。

還有一種方法可以將拉門安全固定在通風位置，那就是在門框／窗框和軌道上鑽孔，然後放置插銷。不過插銷必須放在固定門片的遠端一側，以免有人從通風的開口伸手進來搆到插銷。

你有信得過的鄰居可以寄放備用鑰匙嗎？如果沒有，就需要花一點時間找個隱藏的好地方。有一種安裝在地上的假彈出式灑水器，是我最喜歡藏鑰匙的地方。

檢討你的前後門時，考慮採用 Ring 或其他公司生產的智慧門鈴。不論你人在家裡或離家在外，智慧門鈴能夠

讓你觀察誰在你家門外徘徊，不僅是當下，也會記錄先前的影像。這筆錢不要省，但你也要記住，智慧門鈴一樣可能被駭客破解。

　　如果你沒有保全系統（或是住家大樓沒有警衛），那麼建議你裝一套智慧門鈴。若是買不起，那就弄一張假的商標貼紙，假裝你家安裝了智慧門鈴。這可不是和壞人玩公平遊戲的時候。

　　最後這幾句話其實不必說了吧……你每次離家或上床時，有沒有鎖上門窗或在家裡脆弱的地方上鎖？如果沒有的話，哈囉邦迪你來了……

Selected Bibliography

參考資料

BOOKS

De Becker, G. (1998). *The gift of fear: And other survival signals that protect us from violence*. Dell.

Duke, A. (2018). *Thinking in bets: Making smarter decisions when you don't have all the facts*. Portfolio/Penguin.

Gladwell, M. (2005). *Blink: The power of thinking without thinking*. Little, Brown.

Turner, K. A. (2015). *Radical remission: Surviving cancer against all odds*. HarperOne.

Wrangham, R. W., and Peterson, D. (1996). *Demonic males: Apes and the origins of human violence*. Houghton Mifflin Harcourt.

ARTICLES AND DOCUMENTS

America grapples with a lethal mix of terrorism and lax gun laws. (2019, August 8). *The Economist*. https://www.

economist.com/united-states/2019/08/08/america-grapples-with-a-lethal-mix-of-terrorism-and-lax-gun-laws.

Book, A., Costello, K., and Camilleri, J. A. (2013). Psychopathy and victim selection: The use of gait as a cue to vulnerability. *Journal of Interpersonal Violence*, *28*(11), 2368–2383. https://doi.org/10.1177/0886260512475315.

Carlson, A. (2019, February 6). The true story of Ted Bundy's "girl who got away": Teen put him behind bars—and her life now. *People*. https://people.com/crime/true-story-carol-daronch-now-ted-bundy-movie/

Denardo Roney, J. L., and Falkenbach, D. M. (2018, January 18). Psychopathy and victim selection: Does nonverbal decoding or empathy impact vulnerability ratings? *Journal of Interpersonal Violence*. https://journals.sagepub.com/doi/10.1177/0886260517742914.

Gunns, R. E., Johnston, L., and Hudson, S. M. (2002). Victim selection and kinematics: A point-light investigation of vulnerability to attack. *Journal of Nonverbal Behavior*, *26*, 129–158. https://link.springer.com/article/10.1023/A:1020744915533 .

Parks, Bernard C. (1998, June 12). Report on North Hollywood bank robbery to Honorable Board of Police Commissioners. Intradepartmental Correspondence OIS #18-97.

Silverstein, J. (2019, July 31). Mass shootings in U.S. 2019: There were more mass shootings than days in 2019. CBSNews.

com. https://www.cbsnews.com/news/mass-shootings-2019-more-than-days-365/

Turner, K. (2014, May 20). The science behind intuition: Why you should trust your gut. *Psychology Today*. https://www.psychologytoday.com/us/blog/radical-remission/201405/the-science-behind-intuition.

WEBSITES

Graduate Institute of International and Development Studies, Geneva, Switzerland. (2019). *Small Arms Survey*. http://www.smallarmssurvey.org

Gun Violence Archive. (2020). https://www.gunviolencearchive.org.

Mass Shooting Tracker. (2020). https://www.massshooting-tracker.site/about/

National Weather Service. (2020). How dangerous is lightning? https://www.weather.gov/safety/lightning-odds.

Stanford University Libraries. (2020). Mass shootings in America. https://library.stanford.edu/projects/mass-shootings-america.

World Population Review. (2020). Mass shootings by country 2020. https://worldpopulationreview.com/country-rankings/mass-shootings-by-country/

知識叢書 1113

最強自保手冊：社會安全網失靈，你如何自保？美國特種部隊教你辨識身邊
危險人物、安全脫身，保住生命財產
The Power of Awareness: And Other Secrets from the World's Foremost Spies, Detectives, and
Special Operators on How to Stay Safe and Save Your Life

作　　者—丹恩‧席林（Dan Schilling）
譯　　者—李宛蓉
編　　輯—張啟淵
美術設計—吳郁嫻

董 事 長—趙政岷
出 版 者—時報文化出版企業股份有限公司
　　　　　108019 臺北市和平西路三段二四〇號四樓
　　　　　發行專線—（〇二）二三〇六六八四二
　　　　　讀者服務專線—〇八〇〇二三一七〇五　（〇二）二三〇四七一〇三
　　　　　讀者服務傳真—（〇二）二三〇四六八五八
　　　　　郵撥——九三四四七二四時報文化出版公司
　　　　　信箱— 10899 臺北華江橋郵局第九九信箱
時報悅讀網— http://www.readingtimes.com.tw
法律顧問—理律法律事務所　陳長文律師、李念祖律師
印　　刷—勁達印刷有限公司
初版一刷—二〇二二年五月二十日
定　　價—新臺幣四〇〇元
（缺頁或破損的書，請寄回更換）

時報文化出版公司成立於一九七五年，
並於一九九九年股票上櫃公開發行，於二〇〇八年脫離中時集團非屬旺中，
以「尊重智慧與創意的文化事業」為信念。

最強自保手冊：社會安全網失靈, 你如何自保？美國特種部隊教你辨識身邊危險人物、安全脫
身, 保住生命財產 / 丹恩 . 席林 (Dan Schilling) 著；李宛蓉譯 . -- 初版 . -- 臺北市：時報文化
出版企業股份有限公司 , 2022.05
　　面；　公分 . -- (知識叢書；1113)

譯自 : The power of awareness :and other secrets from the world's foremost spies, detectives, and
　　　special operators on how to stay safe and save your life

ISBN 978-626-335-188-2(平裝)

1.CST: 安全教育 2.CST: 行為心理學

528.38　　　　　　　　　　　　　　　　　　　　　　　　　　　　　　　111003654

ISBN 978-626-335-188-2
Printed in Taiwan